내 삶을 가로막은 건
언제나 나였다

혼돈 가득한 삶에서 나를 지켜준 깨달음

# 내 삶을 가로막은 건
# 언제나 나였다

게리 홀츠 지음 | 강도은 옮김

스몰빅라이프

# 내 삶의 열쇠는
# 내 안에 있었다

나를 진찰했던 의사들 말에 따르면, 지금 이 순간 나는 살아 있을 수 없는 몸이다. 하지만 나는 살아 있고, 내가 살아난 과정을 회상해 보면 너무나 경이로운 경험들의 연속이었다. 내가 살아난 것은 현대 의학이나 특효약 덕분이 아니었다. 내 병의 치유는 호주의 오지에서 시작되었고, 인류의 기원만큼이나 오래된 치유법에서 비롯되었다.

나를 죽음 직전까지 몰아갔던 그 병의 증세는 지금으로부터 십수 년 전 사업 미팅을 가던 중에 처음 나타났다. 그 길에서 나는, 내가 왼발을 조금씩 끌며 걷고 있다는 사실을 알아챘다. 대부분의 사람이라면 이런 상황을 명확한 경고로 받아들였을 것이다. 그러나 내 삶은 이미 다른 문제들로 차고 넘쳤으며, 그 탓에 나는 단지 근육이 접질린 것뿐이라고 대수롭지 않게 여기게 되었다. 공교롭게도 다음 날 다리는 다시 정상이 되었고, 나는 왼발의 이상을 잊어버렸다.

하지만 얼마 지나지 않아 내 왼발엔 다시 문제가 생겼다. 이번에는 증상이 훨씬 집요하게 이어졌다. 왼쪽 구두의 발등 부분에 바닥에 쓸린 자국이 생길 정도였으니 말이다. 그 흔적은 지금 내게 벌어지고 있는 일이 단순한 착각이 아니라는 사실을 증명해 주었다. 마비된 것 같은 얼얼한 다리의 감각 역시 상상이 아니었다. 너무나 분명한 현실이었다.

몇 달 동안 주기적으로 왼쪽 다리에 마비감을 느꼈다가 곧 괜찮아지는 일이 반복됐지만, 나는 그 증상을 그럭저럭 견딜 수 있는, 일시적인 불편함 정도로만 여겼다. 그러나 상황은 조금씩 심각해졌다. 마비가 느껴지는 부위가 점점 넓어졌던 것이다. 마비감은 왼발에서 시작해 왼쪽 장딴지로, 그리고 오른쪽 발과 오른쪽 장딴지로까지 점차 퍼져갔다.

당시에 내가 경영하고 있던 '최첨단 우주항공 회사'는 빠른 속도로 성장하고 있었고, 나는 대부분의 시간과 관심을 그곳에 쏟아야만 했다. 게다가 문제투성이인 불행한 결혼 생활도 나를 괴롭히고 있었기에, 내 몸의 이상 신호는 뒷전이 될 수밖에 없었다. 병원에 가는 것은 말할 필요도 없고, 내 증상을 곱씹어볼 시간도, 사라진 감각을 되살려보려고 노력할 여유도, 관심을 다른 데로 돌릴 틈마저도 없었다는 뜻이다. 그래서 결국 임시 방편으로, 의료기기를 파는 약국에 들러 지팡이를 하나 샀다.

어느 날 아침, 무감각한 느낌이 사타구니에까지 이르렀다는 사실을 발견하지 않았더라면, 나는 언제까지고 그런 식으로 생활했을 것이다. 마비감은 내 고환 부위에까지 퍼져 버렸다. 남성으로서의 내 감각마저 사라져 버린 것이었다. 지팡이를 쓰게 된 것도 내게는 적잖은 충격이었지만, 이번에는 비교할 수 없이 더욱 중대하고 심각한 문제였다. 그날 바로 나는 병원에 전화를 걸었다.

전화를 받은 의사는 조심스럽게 입을 열었다. "다발성 경화증일 가능성이 높습니다." 그는 진단이 쉽지 않은 병이라고 설명하면서도, 지금까지의 증상과 진료 결과를 분석해 보니 그 가능성이 매우 크다고 덧붙였다. 나는 아무 말도 할 수 없었다. 마치 모든 감각이 마비된 것처럼, 머릿속이 하얘졌다.

그때까지 나는, 이 모든 일이 그저 나에게 닥친 불운이라고 믿었다. 나와는 아무 관련도 없는 어떤 재난쯤으로 여기며, 그 책임을 피하려고 했다. 하지만 아주 오랜 시간이 흐른 뒤에야 깨달았다. 나를 진짜 괴롭힌 건 불운이 아니라, 그것을 외면하고 회피하려 했던 내 태도였다는 것을 말이다.

'아마도 이 의사가 틀렸을 거야.' 내 마음은 어떻게든 빠져

나갈 구멍을 찾으려 애썼다. '이 의사도 다발성 경화증은 진단하기 어렵다고 말했잖아. 그냥 스트레스 때문일 수도 있어. 어쩌면 불행한 가정생활이 원인일지도 몰라. 첫 번째 결혼은 결국 이혼으로 끝장이 났고, 두 번째 결혼 역시 빠른 속도로 똑같은 암초를 향해 가는 중이잖아. 첫 번째 결혼에서 낳은 아이들과도 아주 소원해졌고 말이야. 사업을 해 나가는 일 역시 끊임없는 긴장의 연속이야. 그래, 분명 스트레스에서 비롯된 거야. 확신하건대 바로 그것 때문일 거야. 나는 단지 약간의 휴식이 필요할 뿐이야. 스트레스에서 벗어날 수 있다면, 분명 다시 건강해질 게 틀림없어.'

내 마음이 그렇게 계속해서 갖가지 이유를 끌어다 붙이고 있을 때, 의사는 조용히 말을 이었다.

"통증을 완화하는 약을 처방해 드릴 수는 있습니다만, 유감스럽게도 다발성 경화증의 분명한 원인은 아직 밝혀지지 않았습니다. 그래서 완치할 수 있는 치료법 또한 아직은 없습니다."

치료법 없음.

그 말이 내 머릿속의 모든 소음을 단숨에 멈추게 했다. 그리고 고요해진 머릿속에서 마치 고장 난 레코드처럼 그 말만 반복되어 들리기 시작했다. 치료법 없음. 치료법 없음. 뒤이어서 설명을 해 주는 의사의 목소리가 어찌나 단조로웠던지, 꼭 지루해하는 의대생들을 앞에 두고 강의를 하는 사람 같았다.

"이 병의 여러 특징을 살펴보면 자가 면역 질환임을 알 수 있습니다. 즉 몸에 있는 항체들이 세포들을 공격하기 시작했다는 뜻입니다. 공격당하는 세포들은 당신의 뇌와 척수 신경을 둘러싸고 있는 지방질로 된 미엘린이라는 세포입니다. 미엘린이 파괴되면 그 자리에 반흔이 남고, 이 과정이 반복되면 특정 신경 체계의 기능이 점차 손상됩니다."

그러면서 그는, 고통이 더 심해지고 증상이 악화되는 시기가 있을 거라고 말했다. 무감각이 일시적으로 줄어들 수도 있지만, 어떤 경우엔 그 상태가 영구적으로 지속될 수도 있다고 했다. 여기까지 말한 뒤, 그는 살짝 부드러워진 목소리로 다음과 같이 덧붙였다. 마치 자신이 지금 말하고 있는 상대가 의대생이 아니라, 실제로 그 병을 앓고 있는 환자라는 걸 이제야 깨달은 듯이 말이다.

"위로나 위안이 될 만한 말은 없습니다. 단지 우리가 알고 있는 건, 이 병의 진행이 사람마다 매우 다르다는 사실뿐입니다. 환자분의 병이 어떻게 전개될지, 얼마나 심각해질지는 아무도 예측할 수 없습니다."

그가 말하는 내용을 들어 두어야 한다는 걸 분명히 알고 있었다. 하지만 아무 말도 귀에 들어오지 않았다. 멀찍이 떨어진 공간에서 이 장면을 멍하니 바라보고 있는 기분이었다. 유체 이탈이라도 한 것처럼 말이다. 분명히 공포를 느껴야 마땅했으나, 어떤 감정도 일어나지 않았다. 두려움도, 분노도, 자기 연민도, 슬픔도 느껴지지 않았다. 아무 느낌이 없었다. 그저 텅 빈 공허함만이 느껴졌다.

그날 이후로 보낸 7년은 악몽과도 같은 시기였다. 증상은 악화되었고, 나는 몸을 쇠약하게 만드는 강력한 스테로이드제인 프레드니손Prednisone을 복용하기 시작했다. 의사들이 해 줄 수 있는 일이라곤 약의 용량을 늘리는 것뿐이었다. 하지만 시간이 흐르자 약효도 떨어졌고, 결국 나는 1년에 서너 번씩은 병원 신세를 져야 했다.

4년 동안은 지팡이 두 개에 의지한 채 계속해서 여러 공항과 중역 회의실로 내 몸을 이끌고 다녔다. 한번 휠체어 신세를 지게 되면 다시는 걸을 수 없게 될까 봐 몹시 두려웠기 때문이다. 그러나 결국 나는 두 손을 들고 말았다. 점점 혼자 힘으로는 계단을 오르내릴 수 없었고, 지팡이에 의지한 걸음도 몇 발짝을 넘기기 어려워졌다. 더는 버틸 수 없게 되어, 어쩔 수 없이 휠체어를 구입했다. 그해부터 매일 1리터의 프레드니손을 점적 주사액 형태로 몸에 투여하기 시작했다. 그 무렵, 나는 이제 더는 나빠질 수 없는 상태에 이르렀다고 믿었다.

하지만 상황은 더욱 나빠졌다. 그로부터 6년이 더 지나, 의사는 병이 점점 내 몸을 잠식해 가고 있다고 말했다. 내부 장기들이 전혀 기능을 하지 못하고 있다는 것이다. 그러면서 벌여놓은 일들을 이제 정리하기 시작해야 한다고 덧붙였다. 앞으로 살날이 기껏해야 2년밖에 남지 않았다고 경고하면서 말이다.

2년. 그때 나는 겨우 43세였다. 그런데 2년밖에 남지 않았다니! 절망 가득한 마음으로 그 선고를 받아들여야 했다. 그 무렵 나는 대부분의 시간을 휠체어에 의지한 채 보냈고, 전신의 감각을 서서히 잃어가고 있었으니 말이다. 음식을 먹기 위해 팔을 들어 올리는 일조차 어려워, 몸속에 삽입된 관으로 영양을 공급받고 있었다. 그런 나날을 보내고 있었음에도, 죽음을 담담히 받아들일 수 없었다. 마음 한켠에 미련이 남아 있었다. 여전히 삶에서 경험하고 싶은 일이 너무나 많았다.

나는 비탄에 빠졌고, 삶의 소소한 감각과 기쁨을 잃어 몹시 슬펐다. 가령 바다에 들어가 걸을 때 발가락에 느껴지는 부드러운 물의 감촉이라든가, 무릎에 어린 손자를 앉히고서 다정히 어루만지거나 친한 사람과 따뜻한 온기를 나누는 데서 오는 기쁨 같은 것들 말이다. 절망이 깊어져 세상에 나 홀로 남겨진 듯했다.

그렇게 무기력한 날들이 이어지던 어느 날, 우연이라 부르기엔 묘한 일들이 하나둘 일어나기 시작했다. 사방에서 몰아치는 우울감에서 잠시나마 벗어나고 싶어, 집 근처 재즈 바에 들어간 날이었다. 나는 그저 잠시라도 음악이 내 머릿속을 비워주길 바랐다. 재즈 바는 사람들로 북적였고, 순간 돌아설까 망설였지만, 알 수 없는 끌림이 있었다. 그냥 그 안에 있고 싶었다.

우연히 나는 옆자리에 앉은, 호주에서 온 여성과 이야기를 나누게 되었다. 그녀는 자연요법을 믿으며 실천하는 사람이었다. 우리는 대안 치료법들, 그중에서도 호주에 있는 원주민의 치유법에 대해 이야기를 나누었다. 그녀는 호주 오지에 사는 한 원주민 부족의 특별한 치유사들을 어찌어찌해서 알게 되었다고 말했다. 대화 막바지에 그녀는 '레이 겔러'라는 치유사의 전화번호를 내게 건넸다. 레이가 퀸즐랜드Queensland 주의 브리즈번Brisbane에서 일정 시간을 보낸다는 얘기도 덧붙였다.

호주 여성과의 만남도 뜻밖의 상황이었지만, 더욱더 의외인 것은 그녀가 소개해 준 그 치유사에게 내가 강렬하게 전화를 걸고 싶었다는 점이다. 그런 충동은 '나'라는 사람의 성향과는 전혀 어울리지 않는 것이었다. 하지만 나는 그 충동에 따랐다. 레이라는 사람에게 전화를 건 것이다. 나는 그에게 나를 도와줄 수 있는지 물었다. 나중에 알게 되었지만, 그 부족에 속해 있는 치유사들은 보통 외부인은 치유하지 않는다고 한다. 그런데 어찌 된 일인지 그는 내 요청을 들어주었다.

그로부터 일주일 뒤, 나는 휠체어를 타고 호주로 향하는 비행기에 올랐다. 거의 평생을 물리학, 논리학, 엄격하고 냉정한 사실의 세계만을 신봉했던 내가 말이다. 가족들은 내가 미쳤다고 생각했다. 내 자아의 일부분도 그렇게 생각했다. 하지만 나의 다른 자아는 이것이 나에게 남은 유일한 기회라고 말했다. 더는 잃을 것이 뭐가 있단 말인가?

18시간이 넘는 고된 비행 끝에 나는 브리즈번에 도착했고, 그곳에서 레이를 만났다. 그는 나를 호주의 오지 마을로 데려갈 것이고, 그곳에서 로즈라는 이름의 다른 치유사와 치유를 시작하게 될 것이라고 말했다. 더불어 자신은 옆에서 그녀를 보조할 것이라고 했다. 그 마을까지 가는 데는 차로 7시간이 걸렸다. 그곳에 도착한 나는 로즈를 만나 치유를 시작했다. 로즈가 말하길 여기 원주민들은 병원 같은 것을 운영하지 않는다고 했다. 또 보통은 외부인들을 치유하지 않지만, 나는 받아들이기로 했다고 말했다. 실제로 지난 40여 년 동안 이 부족은 자신들의 치유법을 외부인과 공유한 적이 없었다. 그들의 치유법을 공유한 첫 번째 외부인이 바로 나였던 것이다.

나는 왜 나에게만 그런 기회가 주어졌는지 궁금했다. 로즈는 짧고 담담하게 답해주었다. 당신들이 신God이라고 부르는 '빅 가이big guy'가 서양에서 어떤 사람이 올 것이라고 말해 주었고, 자기들은 그 사람을 맞이할 준비를 해왔다는 것이다.

나는 로즈의 배려를 받으며 매일 8시간에서 10시간 정도 치유 과정에 들어갔다. 그 과정에는 5만 년 넘게 이어져 온 호주 원주민의 정서적, 영적, 신체적 치유법들이 내게 적용되었다. 그리고 얼마 지나지 않아 나는 첫 번째 기적을 경험했다. 내 몸의 감각이 다시 돌아오기 시작한 것이다. 그 이후는 정말이지 기쁨에 찬 나날들이었다. 수년 동안이나 마비되어 있던 내 운동 근육들이 다시 움직이기 시작했고, 누군가에게 약간의 도움만 받는다면 일어나 걸을 수도 있었다.

이 회복은 단지 육체가 살아나는 경험에 그치지 않았다. 긴 치유의 과정 속에서 나는 잊고 지냈던 과거와 조우하게 되었으며, 외면해 왔던 나 자신을 마주하게 되었다. 감각의 층을 하나씩 벗겨내며, 스스로 닫아걸었던 마음의 문을 열기 시작한 것이다. 그 변화는 내 몸을 넘어 삶 전체의 흐름까지 바꿔 놓았다.

내 몸이 점차 치유되어 갈 즈음 나는 원로 치유사와 만날 기회를 얻었다. 나의 치유 과정을 감독하고 있는 사람이었다. 그는 내가 머지않아 회복될 것이며, 다른 사람을 도울 운명이라고도 말해 주었다. "언젠가 당신은 강력한 치유사가 될 것입니다. 당신의 몸속에는 작은 도시 하나를 밝게 비출 정도의 큰 힘이 있습니다."라고 말이다. 그 말은 마치 계시처럼 다가왔다.

실제로 나는 건강을 되찾았고, 이 오래된 치유법을 전해주는 치유사로서 내가 해야 할 일을 비로소 깨닫게 되었다. 그것은 내 인생에서 처음으로 발견한 진짜 '일'이었다. 호주를 떠나오기 전에 나는 원주민 친구들에게 약속했다. 내게 선물처럼 주어진 이 치유법들을 다른 이들에게 나누어 주겠다고. 또한 내가 갖고 있는 치유력을 계속 탐구하고 발전시키겠노라고.

미국으로 돌아온 후에 나는 몸을 더 단단히 다지고 지켜내기 위해 끊임없이 노력했다. 그러면서 영양학 석사 학위와 면역학 박사 학위를 취득했다. 나는 여전히 과학자였고 물리학자였기 때문에 서양 의학과 원주민의 치유법을 통합하고 싶었다. 이후 나는 개인 병원을 개업했고, 치유가 필요한 사람들을 대상으로 일을 시작했다. 그때부터 지금까지 나는 암이나 에이즈 같은 절망적인 병을 비롯해, 홍반성 루푸스·관절염·척추 만곡 같은 만성질환의 증상을 완화하고 치료하는 일을 해오고 있다.

나는 일생 동안 지적인 것을 추구하며 두뇌의 논리에 따라 살아온 사람이었다. 그런 내가 호주 오지에서 '가슴으로 느끼는 지혜'를 발견했고, 그것을 널리 알려야 한다는 사명감을 가지게 되었다. 이러한 나의 태도가 처음엔 낯설고 비합리적으로 느껴졌지만, 그 지혜와 사명감은 내 삶 전체를 뒤흔들 만큼 강력했다. 나는 호주 원주민의 지혜 속에서 깨달았다. 내가 붙잡고 있던 그 '논리'와 '확신'이 오히려 내 몸을 병들게 하고 있었음을 말이다. 다발성 경화증이라는 병의 형태로 내게 찾아와 나를 죽이고 있던 건, 결국 내 신념 체계였다. 나는 이 이야기를 어딘가에 남겨야겠다는 마음이 들었다.

이 책에 나오는 사람들의 이름은 가명이지만, 원주민들과 내가 나눈 대화 내용은 정확히 사실 그대로다. 당시 나는 내 경험들을 간직하기 위해서 녹음기를 챙겨갔다. 원래는 아이들에게 남겨 주고 싶어서였다. 자식들과 나 사이에 벌어진 커다란 틈을 이어보고자 녹음기를 챙기던 그때만 해도, 지금처럼 다시 아이들과 좋은 관계를 맺으며 살아갈 수 있으리라고는 상상조차 하지 못했다. 더구나, 그 녹음기 속 대화들이 언젠가 한 권의 책으로 엮여 누군가에게 희망을 전하고, 또 다른 이들의 치유에 도움이 되리라고는 더욱 생각하지 못했다.

호주 원주민의 치유력은 나뿐만이 아니라 다른 수많은 사람에게도 효력이 있었다. 그래서 나는 할 수 있는 한 많은 사람과 그 비밀을 공유하고 싶었다. 내가 이렇게 내 이야기를 하면서 사람들과 소통하고 싶어 하는 가장 큰 이유는 여러분에게도 희망이 있음을 알려 주고 싶기 때문이다. 어떤 병으로 고통받든, 어떤 아픔으로 비탄에 잠겨 있든, 해답을 찾고자 하는 의지만 있다면 희망은 생기는 법이다. 그 살아 있는 증거가 바로 나라는 사람이니까 말이다. 1994년, 나는 2년밖에 살지 못할 것이라는 선고를 받았지만 결국 극복해 냈다. 진심을 다한다면, 죽음마저도 이겨낼 수 있는 것이 바로 우리가 가진 힘이다. 죽음조차 밀어낼 수 있는데, 다른 일들은 어떻겠는가.

나는 오랜 시간 내가 가진 병이 내 삶을 가로막고 있다고 믿었다. 하지만 시간이 흐르며 알게 되었다. 진짜 장애물은 언제나 나 자신이었다. 내 안의 두려움, 회피, 상처를 마주하지 않으려는 마음, 그리고 치유를 받아들일 용기를 미뤄온 태도. 이 책은 그 모든 벽을 하나씩 허물며, 내가 어떻게 나 자신을 다시 받아들이게 되었는지를 담고 있다. 당신에게도, 당신만의 길을 열 수 있는 열쇠가 있음을 알려주고 싶다.

그리고 나는 이 책이 꼭 육체적 병에 걸리지 않은 사람일지라도, 그러니까 마음이 아픈 사람들에게도 도움이 되리라 확신한다. 내 육체의 병을 치유한 방법은, 마음의 병을 치유하는 원리를 그대로 따랐기 때문이다. 부디 이 책이 독자들에게 지혜와 통찰을 주어 모든 아픔으로부터 해방될 수 있는 계기가 되기를 진심으로 바란다.

# 차 례

# 1장

# 내가 알던
# 세계와의 작별

내내 휠체어에 앉아 장장 18시간이 넘는 비행기 여행을 한 뒤에야 마침내 나는 브리즈번 공항에 도착했다. 승무원 한 명이 내가 입국 심사대를 통과해서 여행 가방을 챙길 수 있게 도와주었다. 그런 다음 레이에게 전화를 걸 수 있도록 나를 공중전화 박스까지 밀어다 주었다. 레이는 이 광대한 호주 대륙에서 내가 연락할 수 있는 유일한 사람이었다. 비행기로 호주까지 오는 동안 전혀 잠을 잘 수 없었기 때문에 피로와 걱정이 한꺼번에 몰려왔다. 전화번호를 누르고 있는데, 왠지 이 모든 일이 초현실적인 것처럼 느껴졌다. 재즈 바에서 한 여성을 만난 후 일주일 만에 나는 여기 호주에, 그것도 혼자 와서는 그 치유사들과 연결될 수 있는 유일한 전화번호를 누르고 있는 것이다. 신호는 갔지만 아무도 전화를 받지 않았다.

　신호음이 그치고 자동응답기가 작동하는 소리가 들렸다. 맥이 풀렸다. 그런데 이제는 조금 친숙해진 레이의 목소리가 들렸다. "안녕하세요, 게리." 나는 안도의 숨을 내쉬었다. 그가 나를 위해서 자동응답기에 녹음을 남겨 놓은 것이다. 그는 근처 호텔에 내 이름으로 예약을 해 놓았고, 일단 내가 좀 쉬고 난 뒤에 나를 만나러 오겠다고 말했다. 그가 남긴 메시지는 이렇게 끝났다. "어쨌든 호주에 온 것을 환영합니다, 친구."

나는 어찌나 피곤하던지 휠체어를 굴려서 택시 승강장까지 가는 일도 가까스로 해낼 수 있었다. 그날 밤 호텔 접수 데스크에서는 손조차 거의 움직일 수 없는 상태였다. 그래서 삐뚤거리는 X 자로 간신히 서명을 대신할 수밖에 없었다. 호텔방에 들어가자마자 나는 옷 입은 그대로 침대에 뻗어 버렸다. 그러고는 완전히 기진맥진한 채로 곧바로 잠에 들었다.

다음 날 아침 9시가 막 지났을 즈음, 누군가 문 두드리는 소리에 나는 깨어났다.

"이봐요, 친구. 저 레이입니다. 준비되었나요?"

"지금 막 일어나고 있어요."

겨우 침대에서 일어나면서 나는 대답했다.

"알았어요. 우리는 곧 길을 떠날 겁니다."

내가 뭘 예상했는지는 모르겠다. 하지만 레이는 놀랍게도 대단히 흥미를 끌 만한 사람이었다. 처음에 내가 호주에 오는 문제 때문에 그에게 전화했을 때, 그는 거의 무례하다 싶을 만큼 지극히 간결하게만 대답을 했었다. 그런데 호텔 방문을 열자 어떤 장난꾸러기가 서 있는 것 같았다. 반짝거리는 환한 미소가 꼭 장난꾸러기 꼬마가 짓는 미소 같았다는 뜻이다. 카키색 반바지에 밝은색 스포츠 셔츠를 입은 레이는, 키와 체중은 보통이고 밝은 갈색 피부에 희끗희끗한 반백의 헝클어진 머리를 하고 있었다. 한쪽 눈은 무슨 상처를 입었는지 감겨 있었으며, 셔츠 소매를 걷어붙인 오른팔이 튼실해 보였다. 나이는 대략 40대 후반으로 보였다. 무슨 이유 때문인지는 몰라도 나는 그에게 바로 강렬하게 끌렸다. 마치 아주 오랫동안 그를 알아 온 것만 같았다.

시내에 있는 레이의 아파트에 잠시 들른 다음 우리는 자동차를 타고 브리즈번 시내를 가로질러서 길을 떠났다. 브리즈번 역시 미국에 있는 많은 도시처럼 건물과 아파트 단지로 빽빽이 들어차 있었다. 나는 이 도시에 공공연한 빈민가가 있다는 표시를 보지는 못했다. 비록 레이가 내륙에서 이주해 온 많은 원주민이 도시에서 힘들게 생활하고 있다고 알려 주었지만 말이다. 도시 외곽에서 15분 정도 달리자 탁 트이고 자갈과 모래만 있는 벌거벗은 시골길이 이어졌다. 뜨거운 태양의 열기가 자동차 위로 맹렬하게 쏟아졌다.

우리는 강줄기를 따라 나 있는 길을 달렸는데, 그 강은 이 바짝 말라붙은 풍경에서 유일하게 물기가 있는 곳이었다. 살랑

거리는 잔물결 위에서 아른거리는 햇살은 내 기분을 들뜨게 했다. 나는 늘 물을 좋아했고, 한때는 경쟁심 강한 장거리 수영 선수이기도 했다.

강에서 길이 조금씩 멀어져 가자 레이는 슬쩍 나를 보다 강쪽으로 머리를 기울이며 말했다.

"당신이 한때 알았던 세상에 작별 인사를 하시죠."

그때 나는 그 아름다운 강의 마지막 모습을 눈에 담으려고 할 수 있는 한 목을 끝까지 뒤로 돌리고 있던 상태였다. 그런데 레이의 말을 듣자 내 기분은 고양되었을 때만큼이나 급격하게 추락했다. 레이가 나더러 삶에 대해 작별 인사를 하라고 한 것일까? 물과 음식에게, 나의 아이들에게, 그리고 내가 사랑했던 모든 것에 작별을 고하라는 뜻인가? 이 여행은 오로지 나의 임박한 죽음을 받아들이라는 신호인가? 물론 그 순간의 나는 전혀 아무것도 알지 못했다. 내 앞에 무엇이 기다리고 있는지를 말이다. 몇 주 후에 이 길로 다시 돌아오면서 나는 깨달을 것이다. 레이가 작별 인사를 고하라고 한 것은 나를 죽이고 있던 나의 오래된 신념 체계와 삶의 방식이었다는 사실을 말이다.

더 먼 오지로 들어갈수록 길은 더욱더 나빠졌다. 우리 차는 곧 울퉁불퉁한 일차선 아스팔트 도로로 접어들었다. 차는 심하게 덜컹거렸으며 자욱한 먼지가 일었다. 얼마쯤 가자 '문명'

의 마지막 흔적이라고 할 수 있는 곳이 나왔다. 길가에 외따로 서 있는 오두막 한 채가 보인 것이다. 차를 멈춘 레이는 그 오두막의 창문을 밀어 올리고는 외딴 오지의 '드라이브스루'라고 할 수 있는 그곳에서 햄버거를 주문했다. 그의 마을까지는 앞으로도 대여섯 시간을 더 가야 한다고 했다. 그러므로 이곳이 마을에 도착할 때까지 우리가 먹고 마실 수 있는 유일한 곳이었다. 나는 전날 저녁부터 끼니를 거른 상태였다. 당연히 몹시도 배가 고팠다. 그래서 하얀 빵 조각 사이에 아무 양념도 없이 고기 패티만 끼워진 햄버거를 열심히 씹어 먹었다.

레이는 햄버거를 한입 베어 물더니 수긍한다는 듯이 고개를 끄덕였다.

"평소와 똑같군요."

며칠이 지난 뒤에야 레이는 내 강요에 못 이겨서 그 독특한 맛이 나는 햄버거의 진짜 정체가 무엇인지를 고백했다. 그것은 소고기로 만들어진 것이 아니었다. 호주 내륙에서 소고기는 귀했다. 그것은 악어 고기였다.

햄버거를 먹은 후 우리는 뜨겁게 불타오르는 듯한 사막으로 더 깊숙이 달려갔다. 오후 3시 무렵이 되었을 때 먼지투성이가 된 내가 레이에게 얼마나 더 가야 하느냐고 물었다. 슬슬 목이 말라지던 참이었다.

"그렇게 멀지는 않아요. 나를 믿으세요, 친구. 호주 기준으로 보자면 이건 짧은 거리입니다. 만일 우리가 퍼스Perth(호주 서남부에 있는 항구도시)로 가고 있다면, 일주일 정도는 꼬박 자동차로 달려야 할 겁니다. 인내심을 가져요. 알다시피 우리는 이런 식의 방랑을 계속할 수도 있어요."

그가 빙긋 웃었다.

마침내 밤 9시경이 되자 레이가 알려 주었다.

"이제 거의 다 왔어요."

그는 우리가 타고 오던 거친 도로에서 방향을 꺾어서 옆길로 들어섰다. 이번 길은 훨씬 더 울퉁불퉁한 흙길이었다.

"저기가 마을이에요."

달이 밝게 떠 있는데도 불구하고 처음에 나는 아무것도 보지 못했다. 조금 지나자 23미터 정도 되는 거리에 위치한 마을 하나가 점차 눈에 들어왔다. 열두서너 채 정도 되는 오두막으로 이루어진 마을이었다. 마을은 마치 땅에서 천천히 솟아오르고 있는 것처럼 보였다. 모든 집, 모든 것이 주변 환경과 완벽하게 조화를 이루고 있었다. 내 눈이 익숙해져서 훨씬 잘 볼 수 있게 되자, 비로소 그 초가집들이 나무토막, 잔가지, 나뭇잎들로 만들어졌음을 알 수 있었다. 그림자 속에서 움직이고 있는 두어 사람이 보였다. 하지만 어느 누구도 우리 자동차 쪽으로 다가오

26

지는 않았다. 나는 너무나 피곤했던지라 그것에 관심을 기울일 여력이 없었다.

레이는 내가 자동차에서 내려 휠체어에 앉는 것을 도와주었다. 그 순간, 미국에서 호주로, 그리고 이곳 오지까지 오면서 생긴 여독이 나를 덮쳤다. 내 손으로 휠체어를 거의 움직일 수가 없었던 것이다. 레이가 휠체어를 밀어주었다. 그러고는 흙바닥에, 커튼 같은 것도 없이 창문만 나 있는 오두막으로 나를 데려갔다. 그가 물었다.

"다른 도움이 더 필요한가요?"

"아뇨, 괜찮을 겁니다."

그때 내가 생각할 수 있는 것이라고는 오로지 자리에 눕는 것뿐이었다. 그가 나가자 나는 천천히 휠체어에서 '침대' 위로 내 몸을 옮겼다. 침대는 평평하고 두꺼운 나무 판자였다. 나는 배낭을 베개 삼아 침대에 누웠다. 둘째 날 밤에도 나는 역시 완전히 기진맥진한 채로 망각의 잠 속으로 곯아떨어졌다. 한 번도 깨지 않고 11시간 내리 잤다. 다음 날 아침 밖이 아주 환하게 밝았을 때에야 비로소 잠에서 깨어났다.

잠을 많이 자고 난 다음에 흔히 그렇듯 나는 약간 멍한 상태였다. 지금 내가 어디에 있는지 도무지 알 수가 없었다. 인식의 혼란 상태에 잠시 빠진 것이다. 딱딱한 침대 때문에 등이 아팠고, 목은 경직되어 있었다. 벽과 천장이 거친 나무로 된 이곳은 내가 이전에 알고 있던 침실들과는 완전히 달랐다.

잠시 뒤에야 모든 일이 다시 기억났다. 이곳은 호주 내륙의 외딴 오지였다. 오두막 밖에서 사람들이 뭔가를 말하는 소리가 들려왔다. 그 말들은 지금까지 내가 한 번도 들어 본 적이 없는 언어였다. 그러니까 그 목소리들은 신에게 부끄럽지 않은 원주민들의 이야기 소리였던 것이다. 내 안에서 흥분이 파도처럼 밀려왔다.

침대에서 휠체어로 옮겨 앉은 후 나는 주변을 찬찬히 살펴보았다. 침대는 옹색해 보이는 평상을 나무둥치 한 쌍이 떠받치고 있는 형태였다. 평상은 진흙 바닥에서 대략 60센티미터 높이에 놓여 있었다. 침실 한쪽에는 탁자라고 추측되는, 좀 더 크고 넓은 나무둥치가 있었다. 모든 것이 소박하고 지극히 실용적으로 보였다. 침구류는 아예 없었고, 심지어 담요 한 장 없었다. 문도 달려 있지 않았다.

레이를 볼 수 있길 바라면서 나는 휠체어를 타고 밖으로 나갔다. 눈부신 햇살 때문에 눈이 가늘게 떠졌다. 불그스름하게 흙먼지가 아른거렸다. 태양은 이미 높게 떠올라서 평평한 땅을 달구고 있었다. 나는 곧 알게 될 터였다. 이곳은 밤에도 기온이 섭씨 32도 아래로 거의 떨어지지 않고, 한낮에는 거의 54도 가까이 올라가기도 한다는 사실을 말이다. 주변을 둘러보니 모래와 바위로 이루어진 벌거벗은 풍경이 생경하게 펼쳐져 있었으며, 저 멀리 지평선에 드문드문 늘어선 몇 그루의 나무만이 단조로운 풍경에 약간의 변화를 주고 있었다.

내 안내자는 어디에도 없었다. 하지만 다양한 연령대의 원주민 스무 명가량이 벌써 일어나 자신들의 일상을 살아가고 있었다. 남자들은 대충 키가 1미터 60센티미터로 보였고, 여자들은 1미터 30센티미터 같았다. 모두 맨발이었고, 꼬마 아이 몇몇은 벌거숭이였다. 남자들은 허리에 간단히 천을 두르고 있었으며, 대부분은 깨끗이 면도한 얼굴이었다. 하지만 몇 사람은 굵직하고 곱슬곱슬한 수염을 기르고 있었다. 여자들은 치마나 원피스를 입고 있었는데, 몇 사람은 가슴을 그대로 드러낸 채였다. 보석을 차고 있거나 무슨 장식물을 두른 사람은 없었다.

나는 그들의 피부색이 다양한 것을 보고 깜짝 놀랐다. 밝은 갈색에서부터 아주 진한 검은색까지 매우 다채로웠다. 여러 세대에 걸쳐서 피가 섞였음을 보여 주는 증거였다. 이곳으로 오는 동안 레이가 말해 준 그들 부족의 역사가 떠올랐다. 강탈당하고, 진압당하고, 다른 인종과 결혼하는 일 같은 역사적 유산으로 인해 현재 호주 원주민들은 무지개와 같이 갖가지 피부색을 갖게 된 것이다.

어른들은 아주 조심스러운 태도로 내 쪽을 바라보았다. 반면에 아이들은 솔직하고 거리낌 없는 태도로 나를 똑바로 쳐다보았다. 잠시 뒤 어린 꼬마 몇이 술래잡기를 시작하더니, 점점 더 내 휠체어 가까이로 원을 그리며 다가왔다. 한 꼬마가 너무 가까이 왔다 싶었던지 웃음을 터트리며 달아났다. 몇 분 후 그 녀석은 다시 돌아왔다. 몇몇 어른과 청소년은 내게 미소를 지어 보였고, 내 곁을 지나가면서 그들의 언어를 사용하여 뭐라고 말을 걸었다.

그렇게 마을 주민들은 내게 호감을 보였지만, 그럼에도 나는 알지 못하는 어떤 사람들의 내밀한 세상을 내가 침범한 것 같다는 불편한 느낌을 떨쳐 버릴 수가 없었다. 말도 못 알아듣고, 기여할 것이 전혀 없어 보이는 곳에 있다는 사실은 생각보다 힘들었다. 이틀 동안 깎지 않아서 삐죽이 자란 수염에다가 지저분한 몰골을 한 백인인 나를 제외하고는, 모든 이가 무언가 목적을 갖고 살고 있는 것 같았다. 작고 우아한 체형을 한 마을 사람들 옆에 있다 보니 휠체어에 앉아 있는데도 내가 너무 커다랗고 볼품없는 사람처럼 느껴졌다.

결국 나는 더는 낯선 이들 앞에 있기가 힘들어 안전한 내 오두막으로 돌아왔다. 그러면서 나도 모르는 사이에 몇 마디 기도를 읊조렸다.

"신이시여, 이제 모든 것이 당신에게 달려 있습니다. 저는 여기에 왔지만 완전히 무력합니다. 저는 지금 이상한 곳에 있고, 제가 이해할 수 없는 삶을 살아가는 낯선 사람들에게 둘러싸여 있습니다. 그저 오늘을 잘 통과할 수 있게 도와주소서."

잠시 뒤 길고 헐렁한 치마를 입은 중년 여성이 내 오두막 입구 쪽에 모습을 드러냈다. 그녀는 물이 담긴 조롱박과 '머핀' 비슷한 것이 담긴 나무 그릇을 내게 주었다. 나이는 레이와 비슷한 40대 중반이 아닐까 싶었다. 그녀가 바로 레이가 내게 말해주었던 그 치유사였다.

내가 뭘 기대했었는지는 확실하지가 않다. 아마도 몸에다 부적을 주렁주렁 걸치고서 내게 주문의 말을 중얼거리는, 약간 신비스러운 모습의 원주민을 기대했을 것이다. 그런 내 기대와는 다르게 치유사 로즈는 영국식 악센트가 있는 완벽한 영어를 구사하는 점잖고 품위 있는 여성이었다. 흰머리가 드문드문 섞인 짙은 갈색 머리는 뒤로 넘겨져 묶인 상태였고, 햇볕에 그을린 피부에서는 태양과 바람이 아로새긴 주름들이 보였다. 그녀가 미소를 짓자 전체 인상이 아주 부드러워졌다.

그녀가 큰 소리로 말했다.

"이곳에 온 것을 환영합니다. 저는 로즈예요. 당신이 이곳에 머무는 많은 시간 동안 함께할 치유사랍니다. 지금까지 당신은 틀림없이 힘든 시간을 보냈을 테지만, 이제부터 시작될 여정은 그럴 만한 가치가 있을 겁니다."

로즈는 마을 사람이 모두 내가 도착하기를 고대해 왔다고 말했다. "우리는 넉 달 동안이나 당신을 맞을 준비를 했어요. 당신이 와서 무척 기뻐하고 있답니다. 오랫동안 기다려 왔으니까요." 그녀는 이렇게 털어놓았다.

"잠깐만요." 나는 깜짝 놀라며 따지듯 물었다.

"넉 달 전에 나는 이곳에 올 것이란 사실을 전혀 알지 못했습니다. 솔직히 그때는 내 상태가 어떻게 될지조차 몰랐어요. 2주일 전에야 겨우 여기에 올 것이란 사실을 알았단 말입니다. 그런데 내가 온다는 사실을 당신들이 넉 달 전에 알았다는 게 대체 무슨 말입니까?"

"빅가이가 말해 주었어요."

"빅가이가 누굽니까?"

로즈는 미소를 지었다.

"아마도 당신은 빅가이를 '신'이라 부를 수도 있을 거예요. 하지만 우리에게는 그냥 존재하는 모든 것을 뜻한답니다."

그녀는 내가 '신'이 "존재하는 모든 것"이라는 그녀의 말을 이해하려고 애쓰는 모습을 바라보았다. 또 부족민들이 내가 올 것을 예전부터 알고 있었다는 사실을 내가 이해하려고 안간힘을 쓰는 모습도. 그렇지만 로즈는 그 이상의 이야기를 더 해 주지는 않았다. 그녀는 간단히 주제를 바꾸더니 왜 마을 사람들이 나의 치유를 도와줄 사람으로 레이와 자신을 골랐는지를 설명해 주었다. 그 이유는 내가 살아온 세계와 전통적인 원주민들이 속한 세계를 자신들이 이어줄 수 있기 때문이라고 했다.

그렇게 그녀는 레이와 자신에 대해서 조금 더 구체적으로 이야기해주기 시작했다.

"레이는 수년 전부터 이따금씩 브리즈번에서 살다 온답니다. 그래서 그는 여전히 이 부족의 일원이지만 백인 세상에 대해서도 아주 많은 것을 알고 있어요. 그의 아이들과 손자, 손녀들은 백인 세상에서 살아가려고 애쓰고 있지요. 레이는 꽉 막힌 사람이 아니니 부족 마을을 떠난 가족들을 모른 체하지는 않을 거예요. 물론 그들이 부족의 전통을 잊도록 내버려 두지도 않을 거고요. 저 역시 두 세계 사이에서 자랐어요. 제 어머니는 원주민이고 아버지는 백인이랍니다. 그래서 저는 아주 어릴 때 영어를 배웠고, 브리즈번에서 교육을 받기도 했지요. 어머니와 저는 그곳에서 몇 년 동안이나 살았답니다."

그러면서 그녀는 원주민 치유법에 관한 개념들을 전달할 방법을 찾아내기 위해 그동안 레이와 함께 작업해 왔음을 넌지시 비추었다.

"우리는 당신네 서구 문화권에서 자란 사람들에게 의미 있는 은유들이 무엇일까를 생각하면서 많은 시간을 보냈답니다. 이따금 우리는 당신에게 우리식의 은유법으로 생각해 보라고 요청할 때도 있을 겁니다. 하지만 대부분의 경우에는 당신이 이해할 수 있는 용어로 이야기하려고 할 거예요."

나는 그녀가 말한 '의미 있는 은유'가 뭘 말하는지 완전히 이해하진 못했지만 앞으로 나아갈 준비는 되어 있었다. 나는 로즈에게 언제 치유를 시작할 건지 물었다. 그녀는 오늘까지는 쉬는 게 좋겠다고 조언한 후 내일 레이가 와서 마을 외곽에 있는 자신의 치유실로 나를 데려다줄 것이라고 했다.

그날 오후 나는 긴 낮잠을 잔 후 황혼 녘에야 일어났다. 밖에서 소리가 나 휠체어를 굴려 입구 쪽으로 가 보았다. 마을이 술렁술렁했다. 사람들이 분주하게 오두막을 드나들었다.

"저녁이오, 친구. 그것을 하고 있는 내내 당신은 잠을 잔 것 같군요."

가까운 오두막에서 어슬렁어슬렁 걸어오고 있는 레이가 말을 걸었다.

"뭘 하고 있는 동안 내내 잤다고요?"

"당신을 환영하는 축하 잔치를 준비 중입니다. 자, 오세요."

레이가 단단한 진흙 길 위로 내 휠체어를 밀어 모임이 있는 곳으로 나를 데려갔다. 황혼의 빛 속에서 몇몇 남자가 구덩이의 불을 살펴보고 있었다. 그 불은 가장자리가 돌로 빙 둘러쳐져 있는 곳 한가운데에서 타오르고 있었다.

잔치라고는 했지만 우리 기준으로 보자면 떠들썩한 축제의 분위기는 아니었다. 조금 전까지 거의 벌거벗고 있던 남자 몇이 자기들의 은밀한 부위를 가리기 위해 호리병박을 찼다거나, 또 몇몇 여자가 수수하고 헐렁한 블라우스와 치마를 걸치고 있다는 것이 다르기는 했지만 말이다. 대여섯 명의 아이는 여전히 벌거벗은 채 주위를 뛰어다니며 놀고 있었다. 나를 깜짝 놀라게 해 주려고 그러는지 그들은 아주 조용히 놀았다. 보통 때처럼 크게 떠들거나 소리를 지르지 않았다. 어른들 역시 말수가 별로 없었다. 우리 문화권에서 사교 모임이 있을 때 흔히 그러듯이 사람들이 이런저런 잡담을 나누지 않았다는 뜻이다. 나중에 나는 레이와 로즈를 통해서 이 원주민 부족 사람들은 대부분 텔레파시로 의사소통을 한다는 사실을 알게 되었다. 실제로 그들은 큰 소리로 이야기할 필요가 별로 없었던 것이다.

레이가 둥글게 만들어진 모임 장소로 나를 데려갔다. 그곳에서는 마을 여자들이 익힌 고기, 과일들, 덩이줄기와 채소 같은 것들을 차리고 있었다. 마을 사람들 전부가 나를 예의 바르고 정중하게 환영해 주었다. 한 사람씩 내게 다가와서 인사도 건넸다. 남자 대부분은 나를 가볍게 안아 주었다. 나는 왠지 아주 편안했다. 가족이나 사업상 만난 남자들끼리 이런 식으로 감정을 표현하지 않는 문화권 출신인데도 말이다. 또한 나는 그들의 진심 어린 포옹에 위안을 받았다.

여자들은 나를 포옹하지 않았다. 내가 악수를 하려고 손을 내밀자 그녀들은 내 집게손가락을 살며시 잡고는 미소를 지으면서 몇 마디 환영의 말을 건넸다. 그곳에서 백인은 오직 나뿐이었지만 어느 누구도 내 피부 색깔을 쳐다보는 것 같지 않았다. 나는 오히려 그들이 내 마음속을 들여다보고 있는 듯한 느낌이 들었다.

사람들이 자신들의 이름을 내게 알려 줄 때 레이는 그 이름들을 전부 다 기억하려고 애쓰지 말라고 했다. 기억을 못한다고 걱정할 필요도 없다고 했다. 내가 기억하려고 애쓴다 한들 그것은 불가능하다면서 말이다. 그들의 이름은 서너 개의 음절로 이루어진 후두음(목구멍소리) 비슷한 소리라서 기억하기 어려울 것이라고 덧붙였다.

마침내 모든 사람이 음식을 먹으려고 땅바닥에 둘러앉았다. 마을 사람들은 커다란 나뭇잎에다 자기가 먹을 음식들을 쌓아 놓고는 손가락으로 집어먹었다. 하지만 나에게는 한 여성이 나무 그릇에다가 음식을 담아서 가져다주었다. 정체가 뭔지 확실히 알 수 없는 음식들을 먹는 게 약간 긴장이 되었다. 하지만 놀랍게도 모든 것이 너무나 맛있었다. 레이는 내가 먹은 고기가 남자 몇이 사냥해 온 야생 멧돼지라고 말해 주었다. 하지만 보통 저녁 식사 때에는 대개 야채나 과일 그리고 벌레의 유충들 아니면 곤충들을 먹는다고 했다.

어쨌든 그때 나는 너무나 배가 고픈 상태였고, 고기는 아주 맛이 좋았다. 나에게 고기를 가져다준 여성이 맞은편에서 그런 나를 환한 얼굴로 쳐다보며 고개를 끄덕이는 것이 얼핏 보였다. 그녀 옆에는 피부가 아주 검고 얼굴에 주름이 가득한 어떤 노인이 앉아 있었다.

그 노인의 덥수룩한 흰머리와 수염은 꼭 새 둥우리 같았다. 그는 눈도 깜박하지 않고 나를 바라보는 중이었다. 보통 때의 나라면 그런 꿰뚫어 보는 시선에 틀림없이 마음이 불편했을 것이다. 그런데 왜 그런지는 몰라도 그렇지는 않았다.

아주 편안하고 여유 있는 저녁 모임이었다. 사람들은 천천히 음식을 먹었고, 이따금씩 뭔가를 말하기도 했다. 한두 시간이 지나자 그들은 찬양가 같은 노래를 부르기 시작했다. 그러자 어떤 사람이 구부러진 굵은 나뭇가지처럼 보이는 뭔가를 가져왔다. 나는 그것이 '디제리두'라는 악기임을 알아차렸다. 레이의 아파트에 들렀을 때도 본 적이 있었다. 레이에게 조금 연주해 줄 수 있는지 요청하자 다른 사람의 것이라면서 거절했었다. 그 이유를 레이는 디제리두는 오직 그 악기의 주인만이 연주할 수 있도록 만들어졌기 때문이라고 말했었다.

사람을 홀리는 것 같은 그 목관 악기의 으스스한 소리가 밤 공기를 가득 채웠다. 남녀 몇이 일어나더니 모닥불 주위를 돌면서 자유롭게 춤을 추었다. 그동안 나는 이상하고도 평화로운 마법에 걸린 것처럼 불꽃을 바라보며 앉아 있었다. 내 안의 한 부분은 외로웠다. 휠체어에 갇혀 낯선 외국에서 말도 알아들을 수 없는 사람들과 함께하고 있으니 조금은 소외된 기분을 느꼈던 것이다. 하지만 이상하게도 내 안의 다른 부분은 내가 이해할 수 없는 방식으로 이 사람들과 연결되어 있다고 느꼈다.

깊은 고요함과 평화로운 상태가 내 마음을 가득 채웠다. 모닥불에서는 여전히 아름다운 불빛들이 피어올랐다. 얼마 지나지 않아 사람들과 내 주변은 마법인가 싶을 정도로 신비로워졌다. 나는 내가 보고 있는 것이 무엇인지 점차 알아차리기 시작했다. 빛나는 붉은빛의 고리가 각각의 사람들을 감싸고 있었던 것이다. 깜짝 놀란 나는 멀리 다른 곳을 쳐다보기도 하고, 두 눈을 꼭 감았다가 떠 보기도 하고, 몇 번이나 두 눈을 깜박거려 보기도 했다. 그런 다음에 다시 마을 사람들을 보았다. 하지만 여전히 그 고리는 빛나고 있었다. 그때 레이가 나에게 물었다.

"무슨 문제라도 있나요?"

"이것을 정말이지 어떻게 말해야 할지 모르겠어요. 둥근 빛의 고리가 사람들을 감싸고 있어요. 제 눈이 뭔가 잘못된 게 분명해요."

"당신 눈에는 아무런 문제가 없어요, 친구. 당신은 그저 그들의 에너지를 보고 있는 것뿐이랍니다. 당신네 문화권에서는 그것을 '아우라aura'라고 부르죠."

레이는 다정하게 내 어깨에 한 손을 올렸다.

"아무것도 두려워할 건 없어요. 당신이 우리 문화권에 들어왔기 때문에 우리 방식 중 일부를 이해하기 시작했을 뿐이거든요. 당신은 이곳을 떠나기 전에 아마 더 많은 것을 볼 수 있을 겁니다. 당신은 생각보다 많은 재능을 갖고 있거든요. 우리는 당신이 갖고 있는 재능 중 몇 가지를 사용하는 법을 보여 줄 겁니다. 시간이 지나면 당신 스스로가 나머지 것들을 사용하는 법을 배우게 될 거고요. 그 일들은 그냥 자연스럽게 일어나게 될 거예요."

그가 무슨 말을 하는지 나는 제대로 이해하지 못했다. 그렇긴 해도 나는 굉장히 평화로운 상태였기 때문에 그냥 넘어가기로 했다. 나는 모든 게 만족스러웠고, 이상하게도 더는 두렵지 않았다. 잉걸불이 잦아들기 시작했다. 건너편에서 나를 쳐다보고 있던 그 흰머리 노인과 또다시 눈이 마주쳤다. 나는 미소를 지었고, 그는 고개를 끄덕였다.

다음 날 아침에 나는 충분히 휴식을 취한 상태로 잠에서 깨어났다. 그리고 뭔가를 새로 시작할 의욕에 가득 차 있었다. 뚫린 입구로 레이가 불쑥 머리를 들이밀면서 물었다.

"준비됐나요, 친구?"

나는 레이에게 혼자 휠체어를 굴려서 갈 수 있다고 말했지만 그는 굳이 밀어주겠다고 했다. 그와 옥신각신해 봐야 소용이 없다는 것을 나는 배워 가고 있는 중이었다. 그래서 그가 하는 대로 내버려 두었다. 우리는 정말로 대단한 한 쌍이었다. 한쪽 눈에 한쪽 팔만 있는 남자가 불구자나 마찬가지인 사람의 휠체어를 교묘히 조종해서, 호주의 외딴 오지 한가운데에 있는 어느 낡은 오두막으로 가고 있었으니 말이다. 그리고 그 오두막에서는 기적이 일어날 참이었다.

미국에 있을 때 나는 가장 훌륭하다는 의사들과 의료 장비들에 둘러싸여 지냈다. 또 온갖 편의 시설 속에서 살아왔다. 하지만 지금은 진흙 바닥에, 페인트칠을 한 작은 나무 의자만 달랑 있는 오두막에 와 있을 뿐이었다. 그곳은 한 면이 2.4미터 정도 되는 네모난 나무 오두막이었다. 로즈가 의자에 앉아서 나를 기다리고 있었다. 전날 밤 모임에서 그녀를 보지 못했다는 생각이 그제야 떠올랐다. 또 그녀의 치유 오두막이 왜 마을에서 약간 떨어진 곳에 있는지도 궁금해졌다.

나는 내가 치유받게 될 장소가 뭔가 다른 모습일 것이라고 기대했던 것 같다. 그러니까 말린 약초 다발이 서까래에 주렁주렁 매달려 있고, 벽 선반에 가지런히 놓인 진흙 항아리 속에 갖가지 약재가 들어 있는 곳을 상상했던 모양이다. 그래서인지 아무것도 없는, 조금은 삭막해 보일 정도인 이 방에서 대체 우리가 무엇을 해낼 수 있을지 나로서는 전혀 짐작이 가지 않았다. 레이가 돌아서서 나갔다.

"나랑 함께 있지 않을 겁니까?"

밖으로 나가는 그를 부르면서 물었다.

"그래요, 친구. 처음 며칠은 오로지 로즈와만 작업을 해야 합니다. 이따가 저녁에 당신을 데리러 올 겁니다."

나는 약간 마음의 동요를 느끼면서 사라지는 그의 뒷모습을 지켜보았다. 하지만 로즈의 미소는 나를 편안하게 해 주었다. 문득 이 '치유실'에서 우리가 행하게 될 일이 무엇이 되었든 간에 어서 시작하고픈 마음이 일어났다.

"그렇다면 다음은 무엇입니까? 어디에서 시작하나요?"

내가 묻자 로즈가 유쾌한 영국식 악센트로 설명했다.

"오늘 우리는 아주 많은 이야기를 나눌 겁니다. 당신이 대부분의 이야기를 하게 될 거고요."

그녀는 자신이 나에 대해 많은 것을 알아야만 비로소 치유를 시작할 수 있다고 분명하게 말했다. 또한 원주민 치유력 안에 숨겨져 있는 기본 전제들을 내가 조금 더 많이 알아야 한다고도 했다.

"게리, 당신 건강이 나아지고 앞으로도 계속 건강하려면 내면에서부터 변화가 일어나야만 합니다. 우리는 먼저 당신의 어떤 경험들과 신념들이 다발성 경화증이라는 병을 만들어 내고 불러일으켰는지 찾아내는 일을 시작할 거예요."

신념과 경험이라고? 아니, 잠깐만. 비록 의사들이 다발성 경화증의 발병 원인을 아직 모른다고 한 것은 사실이다. 하지만 그것이 신념이나 경험과 아무런 관계가 없다는 사실은 너무나 확실한 것 아닌가?

"대체 무슨 뜻입니까? '경험들과 신념들이 나의 다발성 경화증을 만들어 냈다.'라니요?"

로즈는 이렇게 답했다. "당신의 병과 당신 삶은 서로 관련이 있습니다. 우리는 당신 병의 본질에 말을 걸 겁니다. 외적인 증상들만 치료하는 서양 의학과는 아주 다른 방식으로요. 서양 의학은 사실 제대로 도와주지도 않은 채 우리 몸더러 병의 원인과 싸워 보라고 내버려 두는 식이니까요."

나는 그녀의 말이 납득되지 않았다. 나는 지난밤 모닥불을 가운데 두고 춤을 추며 음악을 연주하던 원주민들과, 근엄하고 단정하게 내 앞에 앉아 영국식 억양으로 내 병을 분석하고 있는, 별로 원주민 같아 보이지 않는 로즈를 논리적으로 관련지어 보려고 애썼다. 하지만 내가 할 수 있는 일이라고는 이 엉뚱하기 짝이 없는 부조화에 굴복하는 것뿐이었다. 어쨌든 마음이 좀 누그러진 나는 이렇게 말했다.

"좋아요. 이야기를 들어 보죠."

로즈가 차분히 설명했다.

"예를 하나 들어 볼게요. 만일 당신이 원치 않는 장소에 민들레 같은 잡초 하나가 자라고 있다면, 당신은 그 잡초가 더 넓게 퍼지거나 다른 식물들에게 해를 끼치기 전에 뽑아 버리고 싶을 겁니다. 하지만 이때 그 잡초의 윗부분만 잘라 내고 내버려 둔다면 그것은 죽지 않고 계속 자라날 것입니다. 뿌리까지 완전히 뽑지 않았기 때문이지요.

우리 몸 안에서도 이와 똑같은 일이 일어나고 있답니다. 병의 뿌리는 그 병이 시작된 그곳에 고스란히 남아 있다는 뜻입니다. 병의 뿌리는 증상들로만 존재하는 것이 아닙니다. 힘을 가진 그 무엇으로 존재하고 있어요. 우리 부족 사람들이 치유를 이야기할 때는 단지 육체적 치유만을 의미하지 않습니다. 몸뿐 아니라 마음, 감정들, 영혼까지 포함한 치유를 이야기하는 거랍니다."

로즈는 치유를 위해 왜 가장 먼저 나에 관한 이야기를 해야하는지 설명해 주었다. 그렇게 해야 다발성 경화증의 뿌리가 어디에 자리 잡고 있는지를 나 스스로가 알 수 있다는 것이다.

그녀는 내가 다발성 경화증 증상을 언제 처음으로 느꼈는지 알고 싶어 했다. 당시에 내가 무엇을 하고 있었는지, 내 삶은 어떠했는지, 내가 나의 병에 어떻게 반응했는지, 그리고 그 이후로 무슨 일들이 일어났는지를 말이다.

나는 여전히 이해가 되지 않았다. 하지만 어차피 집에서 수천 마일이나 떨어진 곳에 와 있기 때문에 위험을 무릅쓰고라도 기회를 붙잡아 보기로 했다. 로즈가 혹시 내가 모르는 (그리고 나를 진찰했던 서양 의사들도 모르는) 뭔가 중요한 것을 알고 있을지도 모르지 않은가. 그래서 나는 그녀에게 내 이야기를 들려주기 시작했다. 내가 처음 왼발을 끌기 시작한 날부터 재즈 바에서 우연히 한 여자를 만나 이곳에 오기까지의 과정을 모두 털어놓았다.

로즈는 관심 있게 그리고 인정 많은 태도로 나의 이야기를 들어주었다. 그렇다고 해서 나를 동정하는 것 같지는 않았다. 내가 이야기를 끝내자 그녀는 몸을 앞으로 기울이더니 내 손을 가볍게 누르며 말했다.

"게리, 그동안 많은 일을 겪어 왔군요. 우리의 치유법이 당신을 치유할 수 있다는 사실을 당신이 알았으면 좋겠어요."

그녀는 자기 말이 내게 충분히 스며들도록 잠시 가만히 있다가 이렇게 덧붙였다.

"그러나 치유가 일어나려면 먼저 당신이 가지고 있는 무수한 선입견을 떠나보내야만 해요. 미국에서 받았던 치료와 관련해서 당신이 그동안 알아 왔던 모든 것은 과학과 논리학에 토대를 두고 있어요. 그래서 우리의 치유법이 당신에게는 논리적이지 않은 걸로 보일 겁니다. 하지만 우리도 우리 나름의 '과학'을 갖고 있답니다. 이곳에서 당신은 자신이 왜 아프게 되었는지, 병이 나으려면 무엇을 해야 하는지를 탐색하게 될 거예요. 그리고 그 해답을 찾기 위해 우리는 영혼 깊은 곳에까지 이르게 될 겁니다."

"무슨 이유로 당신은 내가 그렇게 할 수 있을 거라고 생각하는 거죠?"

내 물음에 로즈는 미소를 지었다.

"우리는 벌써 당신이 걷고 있는 모습을 보았답니다."

그녀가 분명한 어조로 말했다. 이에 대해 나는 여전히 회의적이었지만, 그런데도 가슴은 희망으로 부풀어 올랐다. 그녀가 벌써 걷고 있는 내 모습을 보았다니!

점심을 먹으려고 잠시 쉬는 동안 그녀의 말이 마음속에 메아리처럼 울려 퍼졌다. 앞으로 2년밖에 살지 못하리라는 말을 들었을 때도 그랬다. 그 말이 고장 난 녹음기처럼 머릿속에서 맴돌았다. 2년, 2년. 그런데 지금은 나에게 새로운 녹음기가 생긴 것처럼 들으면 들을수록 행복해지는 말이 계속 들려왔다. 우리는 당신이 걷고 있는 모습을 보았답니다. 우리는 당신이 걷고 있는 모습을 보았답니다.

# 2장

# 외면하고 싶었던
# 삶과의 조우

점심을 먹은 뒤 로즈는 치유를 이어가자고 말했다. 하지만 나는 내 삶에 대해 왜 그토록 많은 이야기를 털어놓아야 하는지 여전히 이해할 수가 없었다.

"나는 그저 병을 치유하고 싶을 뿐입니다. 그런데 내 이야기가 그것과 무슨 상관이 있는지를 모르겠어요."

로즈는 나를 찬찬히 바라보았다. 그러면서 황갈색 모직 스커트를 부드럽게 매만졌다. 마침내 그녀가 물었다.

"오렌지로 즙을 짜 본 적이 있으시죠? 거기서 뭐가 나오던가요? 당연히 오렌지주스가 나오겠죠. 즉 이미 그 안에 들어 있는 것만이 나올 뿐입니다. 인간도 이와 똑같습니다. 바로 이런 이유로 치유의 첫 단계는 당신 안에 있는 게 무엇인지, 왜 당신이 다발성 경화증을 선택했는지를 찾아내는 거랍니다."

나는 깜짝 놀랐다. 병의 원인이 경험과 신념이라고 말했을 때도 기가 막혔는데, 이제는 내 병이 나의 선택 때문이라고? 화가 치밀었다. 어떻게 그런 생각을 할 수 있단 말인가. 그건 범죄의 피해자를 도리어 비난하는 식의 정말 말도 안 되는 사고방식이지 않은가.

"잠깐만요, 지금 다발성 경화증의 원인이 '나'라는 겁니까?"

"지금 당장은 이 개념을 이해하기 어렵겠죠."

로즈가 인정했다.

"하지만 이것은 비난과는 아무런 관련이 없어요. 비난은 뒤로 물러나게 하는 부정적인 행동일 뿐이니까요. 나는 그저 우리에게 일어나는 모든 일에 대해서 책임지는 법을 배우자는 말을 하고 있는 겁니다. 책임은 언제나 우리를 앞으로 나아가게 합니다. 매 순간 스스로 선택했다는 것을 깨닫지 않는 한, 우리 삶의 어떤 것도 변화하지 않는답니다."

그녀는 계속해서 말했다.

"당신이 알든 모르든 다발성 경화증은 선택된 것입니다. 나중에 이해하게 되겠지만 지금 화가 난다면 그것도 괜찮아요. 왜냐하면 '화'라는 감정은 생존을 도와주는 정상적이고 반자동적인 심리작용이니까요."

여전히 납득이 되지 않았다. 나에게는 이 비참한 병을 선택하는 것 말고는 다른 대안이 없었단 말인가? 대체 어느 누가 아프기로 선택을 한단 말인가? 병에 걸리는 일이란 언제나 제비뽑기와 같이 운에 달린 일이 아닌가 말이다. 나는 그저 운이 나뿐 사람들 중 한 사람일 뿐이다. 다발성 경화증은 내적 자아나 정신세계와는 어떤 연관도 없다. 병이란 누구나 알다시피 박테리아에 감염되거나, 몸의 어느 부분이 부러지거나, 장기들이 제 기능을 하지 못해 생기는 것이다. 감기는 바이러스 때문에, 암은 암세포 때문에 걸리는 것이다. 또 췌장에 문제가 생기면 당뇨병에 걸리며, 동맥이 막히면 심장마비가 온다.

휠체어 바퀴를 꽉 쥐었다. 로즈의 터무니없는 주장에서 벗어날 태세를 갖추려는 듯 손에 힘이 들어갔다. 반박할 논거들이 머릿속에 착착 쌓이고 있었다. 그런데 어찌 된 일인지 내가 주워 모은 그 '논거들'이 돌연 머릿속에서 증발하더니, 문득 이런 생각이 들었다. 현대 의학이 실제로 치유법을 찾아낸 병들에는 어떤 것이 있는가? 단지 증상을 통제하고 다루고 있을 뿐 아닌가? 우리가 병을 근절하는 방법을 배운 적이 있기나 한가?

무엇보다 왜 똑같은 병에 걸려 똑같은 치료를 받는데도, 누구는 회복이 되고 누구는 죽는 것일까? 바이러스에 똑같이 노출된 경우에도, 왜 누구는 병에 걸리는데 누구는 괜찮은 것일까? 병의 토대를 이루면서 숨어 있는 또 다른 요인들이 있는 것은 아닐까? 어쩌면 그럴지도 모른다는 생각이 들었다.

나는 마음을 열어야만 했다. 어차피 병을 치유할 다른 대안도 없었다. 로즈가 제안하고 있는 것들을 열심히 들을 수밖에 없는 상황이었던 것이다.

휠체어 바퀴를 꽉 쥐고 있던 두 손을 애써서 풀고는 깊게 숨을 내쉬었다. 그렇다고 로즈의 말을 온전히 받아들인 것은 아니었다. 나는 이렇게 주장했다.

"당신 말에 동의하는 것은 아닙니다. 하지만 만약 내가 다발성 경화증에 걸리기로 선택했다면, 대체 어떤 식으로 그런 선택이 일어났다는 겁니까? 그냥 어느 날 아침에 일어나서 병에 걸리기로 선택을 했다는 말입니까? 심지어 그때의 나는 다발성 경화증이 뭔지조차 몰랐다고요! 그런데 어떻게 이 병을 선택할 수 있었단 말입니까?"

"당신의 생각과 감정이 지닌 힘을 통해서랍니다, 게리. 우리 원주민들은 사람의 몸에, 모든 세포 하나하나에 그 사람의 마음이 다 담겨 있다고 믿고 있습니다. 그렇기 때문에 우리가 하는 모든 생각, 우리가 경험하는 모든 감정 하나하나가 우리 몸에 물리적인 영향을 미치는 거랍니다."

로즈는 참을성 있게 말을 이어 나갔다.

"한번 생각해 보세요. 생각이 우리를 병들게 할 수 있을까요? 물론, 그럴 수 있답니다. 심지어 많은 사람들이 매일 그 일을 하고 있지요. 스트레스는 몸과 마음을 병들게 합니다. 당신이 지금 어떤 문제에 대해서 무척이나 걱정을 하고 있으면, 정말로 두통이 올 수 있어요. 또 어떤 일 때문에 너무 속이 상하면, 속이 울렁거리거나 몸이 떨리기도 하지요. 심지어는 토를 할 수도 있고요."

스트레스와 속이 울렁거리는 것 또는 스트레스와 두통 사이에 어떤 관계가 있다는 점에는 수긍이 갔다. 하지만 다발성 경화증은? 로즈는 마치 내 생각을 읽기라도 한 것처럼 미소를 지었다.

"우리 몸은 의식적인 생각뿐 아니라 잠재의식으로부터도 영향을 받는답니다. 우리 부족 사람들은 그렇게 믿고 있어요. 생각 이면에는 어떤 지성적 존재들이 있고, 그것들이 우리 몸 안에서 화학 반응을 일으킨다고요. 만일 당신이 생각과 몸으로 나타나는 현상 중에서 무엇이 먼저인지를 묻는다면, 나는 당연히 '생각'이라고 답할 겁니다."

로즈의 말을 이해하기 위해서는 몹시 애를 써야 했다. 그녀도 그런 내 모습을 보았는지 이렇게 말했다.

"이해하기 힘들다는 거 알아요. 그것이 바로 이 부족 사람들이 나를 여기로 데려온 이유랍니다. 이 마을 사람이 아닌데도 말이죠. 나는 백인들 세계에서 자랐고 그 세계에서 일을 했습니다. 그래서 처음 내가 속한 부족 사람들에게 돌아왔을 때 지금의 당신만큼이나 회의적이었어요. 그리고 나 또한 당신만큼이나 논리에 사로잡혀 있었답니다."

"그러면 잠시 동안 당신네 언어로 이야기를 해 보죠. 물리학자의 언어로 말이에요. 과학자들은 이렇게 말합니다. 우리가 어떤 자극을 받으면, 그 정보는 신경계를 따라 뇌로 전달된다고요. 그러면 그때마다 새로운 감정이나 생각이 생기고, 뇌는 그걸 몸 전체에 전달하기 위해 신경전달물질이라는 걸 만들어낸다고 합니다. 맞지요?"

나는 동의한다는 뜻으로 고개를 끄덕였다.

"이 신호들은 우리 몸 곳곳에 있는 '감각 수용체'라는 세포들과 연결되어 있습니다. 그리고 이 수용체들은 감정의 종류에 따라 각각 다른 방식으로 반응하죠. 그래서 기쁜 감정을 자주 느끼면 몸이 활기를 띠고, 반대로 불안이나 슬픔이 계속되면 몸이 긴장하거나 지치게 됩니다. 결국 우리가 자주 떠올리는 감정이나 생각들이 우리 몸속 환경을 조금씩 바꿔가는 겁니다."

나는 이렇게 주장했다.

"그런데 다발성 경화증을 앓고 있는 내 몸에는 어떤 느낌도 없잖습니까. 내 수용체들은 닫혀 버렸어요. 수용체 주위에는 미엘린 대신 손상된 조직들만 있다고 하더군요. 그런데 이것이 내 선택과 무슨 관계가 있다는 겁니까?"

나는 치밀어 오르는 분노를 여전히 가라앉힐 수가 없었다.

"연결되어 있다는 것은 이런 뜻입니다. 오래전에 당신은 감정을 느끼지 않기로 선택했습니다."

로즈가 설명하기 시작했다.

"만약 생각이 물리적인 몸으로 표현된다는 것을 당신이 받아들인다면, 스스로가 자신의 몸에 어떤 환경을 만들어 내고 있다는 사실 역시 이해하게 될 것입니다. 즉 감정을 못 느끼는 당신은 몸도 무감각한 상태가 된 것이고, 결국 움직이지 못하게된 것이죠. 신경계는 모두 감정과 관련이 있기 때문입니다."

로즈가 내 상황을 정확히 묘사했다는 사실을 인정할 수밖에 없었다. 내가 이 우주에서 가장 못하는 일이 있다면, 바로 감정을 다루는 일이었기 때문이다. 그렇다 해도 그것과 이 끔찍한 병이 정말로 관계가 있단 말인가?

로즈는 나를 안심시키려는 듯 미소를 지어 보였다.

"게리, 시간이 조금 더 지나면 이 모든 것이 이해될 거예요. 지금은 당신의 삶에 대해 좀 더 많은 이야기를 해 주면 좋겠어요. 당신 몸이 언제 마비되었는지는 이제 알겠어요. 그렇다면 당신의 영혼이 마비되기 시작했던 때를 알고 싶군요. 스스로느끼기를 그만두었던 시기 말예요. 지금 당장 이 모든 것을 하나로 연결할 필요는 없어요. 그냥 무슨 일이 있었는지를 이야기해 보도록 해요."

어찌 됐든 나는 그녀가 믿음직스러웠다. 그래서 그녀의 말대로 내 감정을 굳게 닫아 버린 때를 생각해 보았다. 얼마 지나지 않아 늘 술에 취해 있던 아버지가 떠올랐다. 내 아버지는 가족에게 자신의 분노를 시도 때도 없이 터트리던 사람이었다. 물리적인 폭력과 언어폭력으로 우리를 몹시 괴롭혔던 것이다.

나는 로즈에게 아버지 이야기를 하기 시작했다. 아버지의 폭력을 피하기 위해 내가 무엇을 배웠는지를 말이다. 아버지의 분노와 매질은 괜히 말대꾸를 할 정도로 어리석거나, 그의 팔이 닿는 곳에 있는 운 없는 사람에게만 가해졌었다. 이 사실을 나는 일찍 알아차렸고 덕분에 아버지 곁에서는 되도록 조용히 있거나 재빨리 피하는 것이 상책임을 금방 알게 되었다. 나는 그 기술을 아주 잘 배웠고, 정말 자주 써먹곤 했다. 그것은 생존의 문제이기도 했기 때문이다.

어머니는 친절했지만 아버지에게 맞설 만큼 용감하지는 않았다. 내가 아버지에게 심하게 얻어맞은 날에도 어머니는 그 모습을 무력하게 바라보았을 뿐이었다. 그 후 나는 어느 누구에게도 의존하지 않겠다고 결심했다. 스스로 인생을 책임지기로 했다. 내게는 부모가 없는 셈이나 마찬가지였다.

나는 로즈에게 내가 어떻게 가족 문제에서 도망쳐 스포츠를 피난처로 삼았는지도 이야기했다. 스포츠는 내가 처음으로 칭찬받은 분야였다. 나는 계절에 상관없이 스포츠에 몰두했고, 농구, 축구, 야구, 아이스하키, 볼링 등 스포츠라면 어떤 것이든 다 참여했다.

1년 내내 볼링장에서 얼마나 많은 시간을 보냈는지 모른다. 체육관 탈의실에서 숙제를 하거나, 멍하니 앉아 시간을 보낸 날도 무수히 많았다.

또한 나는 사실과 논리의 세계 속에서도 위안을 얻었다. 그러게 된 결정적인 계기는 중학교 때 일어났다. 어느 날 선생님이 칠판에 수학 공식을 적어 내려갔는데, 나에게는 그게 일련의 암호 코드 같이 보였다. 언뜻 해독해야 할 수수께끼 같았고, 거기에 도전하고 싶었다. 나는 재빨리 머리를 굴렸고, 불현듯 그 답을 알게 되었다. 그 순간 전기 충격처럼 짜릿한 흥분이 밀려왔다. 그렇게 나는 점차 두뇌의 세계에 빠져들게 되었다. 마침내 진정한 집과 같이 안전한 장소를 발견한 것이다. 그 집은 바로 나의 머리였고, 가슴과는 상당히 멀리 떨어져 있었다.

덕분에 학교에서 시험을 보면 수학과 과학 성적은 항상 상위권이었다. 어린 시절 아버지는 끊임없이 나를 비웃었고, 바보라고 부르곤 했기에, 내가 똑똑하다는 사실을 확인해 주는 학교 성적은 나에게 너무나 중요했다.

나는 과학의 세계를 사랑했다. 그것이 나에게는 가장 타당하고 의미 있는 것이었다. 과학에는 확실한 물리 법칙들이 있다. 빛의 속도는 불변하고, 중력과 행성의 궤도 법칙들은 명확하다. 모든 생명 과정에도 물리적인 질서가 있으며, 그 뒤에 숨어 있는 원리가 있다. 나는 굳건하고 냉정한 사실, 과학적 방법, 논리적인 추론 과정들이야말로 참된 지식을 위한 진정한 기초라고 생각했다.

"이런 믿음들은 해결할 수 없는 가족 문제를 잊게 해 주었습니다. 머리로 알고 있는 것만이 진짜라고 믿었던 것입니다. 감정을 느낄 필요 없이 생각만 하면 되었던 거죠."

내가 로즈에게 말했다.

고등학교를 졸업한 뒤에 나는 가족이 주는 고통에서 벗어날 또 다른 방법을 찾아내었다. 자원입대를 한 것이다. 군대에서는 전기 관련 일을 훈련받았다. 제대한 다음에는 대학교에서 물리학을 전공했고, 그 후에는 해안 방위대에서 근무했는데, 그곳에서도 전기 관련 일을 계속 연구했다. 마침내 나는 내 이름으로 사업을 시작했다. 내가 경영하는 회사는 과학 관련 회사치고는 아주 빠르게 성공 가도를 달리게 되었다.

"이것이 내 이야기입니다. 과학은 정말 멋진 세계죠. 내가 이해할 수 있고, 또 영향을 미칠 수 있는 세계니까요."

나는 이렇게 말을 마쳤다.

"그렇군요. 당신 이야기를 들으니 당신은 아주 성공한 사업가였던 것 같네요. 그런데 당신은 당신의 인간관계에 대해서는 전혀 이야기하지 않는군요."

그녀는 눈썹을 들어 올리며 물었다.

"친구들이 있지 않나요? 여자 친구는요? 결혼하셨나요? 아이들이 있나요? 그런 것들에 대해서도 이야기해 주세요."

나는 길게 한숨을 내쉬었다. 나는 그런 종류의 이야기를 즐겨하는 사람이 전혀 아니었다. 하지만 로즈는 깍지 낀 두 손을 무릎에 올려놓은 채 참을성 있게 기다렸다. 내가 이야기를 할 때까지 조금도 움직이지 않을 태세였다.

"글쎄요, 사람들과 관계를 맺으려는 내 시도들은 그리 성공적이지 않았습니다."

나는 고민 끝에 이야기를 시작했다.

"뭔가 중요한 것이 빠졌다는 생각이 들었어요. 하지만 그때는 '평범한 삶'에 필요한 것들을 어떻게든 갖추기만 하면 괜찮아질 거라고 믿었습니다. 첫 번째 결혼을 하게 된 이유가 바로 그 믿음 때문이었어요."

한국에서 15개월간의 군복무를 마치고 돌아왔을 때였다. 그때 '해리'라는 친구를 만났는데, 그는 포트 캠벨Fort Campbell(미국의 육군 요새) 근처 술집에서 연주를 하는 음악가였다. 어느 날 그가 크리스마스 저녁 식사에 나를 초대했다. 우리는 차를 몰아서 읍내 외곽에 있는 그의 집으로 갔다. 붉은 벽돌로 지은 따뜻한 느낌의 집이었다. 마당에는 잎을 떨어뜨린 나무들이 있었고, 그 아래에는 눈이 소복이 쌓여 있었다. 나무 태우는 냄새가 코끝을 스쳤다. 집 안으로 들어가니 옥수수 빵을 굽는 냄새와 부글거리며 삶아지는 구수한 콩 냄새가 났다. 크리스마스트리에 걸린 전구들에서는 따스한 빛이 흘러나오고 있었다. 해리의 어머니, 아버지, 여동생 수는 아주 친절하게 나를 환영해 주었다. 나는 금방 수에게 이끌렸다. 커다란 갈색 눈을 지닌 그녀는 사랑스러운 미소를 짓는 아주 예쁜 아가씨였다. 또 느리고 부드러운 남부식 말투를 썼다.

나는 이런 식의 친절하고 따스한 분위기를 경험해 본 적이 없었다. '진정한 가족이란 이런 것이구나'라는 환상이 나를 사로잡았다. 나는 수와 사귀게 되었고 사귄 지 1년 정도가 지나자 자연스럽게 결혼을 하게 되었다.

하지만 그 결혼은 처음부터 삐거덕거리기 시작했다. 우리는 서로 잘 통하는 친밀한 부부관계를 맺어 보려고 무척이나 애를 썼다. 싸웠다가 화해하기를 반복했고, 그 와중에 두 명의 예쁜 아기를 갖게 되었다. 언뜻 보면 사랑스러운 가족으로 보일 수도 있었다. 하지만 나는 사랑을 주는 법을 배우지 못한 사람이었다. 사랑받는 일에만 강박적으로 매달려 왔었기 때문이다. 그래서 아내와 깊은 친밀감을 형성하는 일이 내게는 그야말로 고난이었다.

이 문제로 아내와 이야기를 할 때마다 오히려 관계는 더욱 악화되어 갔다. 문제를 해결하기 위해 꺼낸 말들이 결국에는 내가 아내와 아이들을 사랑하는 일에서 무능력하다는 사실을 말해 버리는 꼴이 되었기 때문이다. 아내는 내 말을 내가 자신을 사랑하지 않는다는 뜻으로 해석해 버리기 일쑤였다.

그 후 얼마 지나지 않아서 이혼 서류를 받았고, 나는 순순히 받아들였다. 다시는 이혼 문제로 아내와 다투지 않겠노라고 마음먹었다. 사업 출장을 마치고 집으로 돌아온 어느 날, 집이 텅 비어 있었다. 당시 한 살과 세 살이었던 아이들도 아내가 데려갔던 것이다. 그녀는 친정 부모님과 함께 아이들을 키우겠다고 했다. 그날 텅 빈 집 안에서 나는 깨달았다. 완전히 한 바퀴를 돌아서 맨 처음 시작했던 곳으로 다시 돌아왔다는 사실을 말이다. 내가 그토록 갈망하고 만들려고 애썼던 가족이 완전히 사라져 버린 것이다.

나는 수에게 양육권을 넘겨주었다. 나에게는 아이들을 돌볼 능력이 없다고 생각했기 때문이다. 아이들이 아직 어리기 때문에 엄마인 수와 사는 것이 마땅하다고 생각했다. 또한 수의 친정 식구들이 아이들에게 좋은 가족이 되어 주리란 것은 의심의 여지가 없었다. 물론 그 '좋은 가족'에 나는 포함되지 않을 터였다. 나는 그것이 최선의 해결책이라고 스스로 되뇌었다.

하지만 양육권을 넘겨준 것이 아이들을 다시는 보지 않겠다는 의도는 아니었다. 비록 실제로는 그렇게 되었더라도 말이다. 세월이 흐르면서 아이들을 만나는 횟수가 점차 줄어들었다. 아마도 나는 거절당하는 고통을 감수하고 싶지 않았던 것 같다. 그냥 내 감정을 닫아 버리는 게 훨씬 쉬웠으니까 말이다. 나는 아이들을 위해 양육비를 보내고, 생일 카드를 쓰고, 크리스마스 선물을 샀다. 하지만 정작 아들과 딸을 직접 마주하는 일은 점점 드물어졌다. 마음속으로는 자주 아이들을 떠올렸지만 나 없이도 잘 살 것이라고 생각해 버렸다.

그러던 중에 티나를 만났다. 티나는 나와 반대되는 사람이었다. 열정적이고, 쾌활하고, 수다스러웠다는 뜻이다. 그래서인지 대화를 나누다 보면 결핍이 채워지는 듯했고, 나는 우리가 균형을 맞춰가며 잘 살 수 있을 것 같았다. 나는 가족을 만들 수 있는 두 번째 기회가 주어져 무척이나 행복했다.

티나와 결혼을 한 뒤 처음 석 달 동안은 정말로 행복했다. 하지만 결국 서로가 너무 다르다는 점이 점차 갈등의 씨앗이 되기 시작했다. 티나의 이탈리아계 가족은 그녀더러 자신의 감정을 자유롭게 표현하고, 즐겁게 논쟁하라고 가르쳤다. 반면 문제가 많은 나의 가족은 나더러 갈등을 회피하고, 되도록 조용히 있거나 사라져 버리라고 가르쳤던 것이다. 이토록 다른 두 사람이 만난 결과는 완전히 재앙이었다.

부부 상담을 받아도 봤지만 결혼 생활은 계속 악화되어 갔다. 티나는 어떻게든 나를 자극해서 감정적인 반응을 이끌어 내려고 했고, 그녀가 소리를 지를수록 나는 더욱더 움츠러들었다. 그 당시에는 나에게 문제가 있어서 그렇다고는 생각하지 않았다. 오히려 아내가 성격을 조금만 고치면 우리 결혼 생활도 괜찮아질 거라고 생각했다. 그런 상황 속에서 오해는 계속 쌓여 갔고, 소통은 더 힘들어졌으며, 우리 사이는 점점 멀어져만 갔다. 모든 감정적인 상황을 계속 회피하던 나는 결국 사업에만 관심을 쏟게 되었다.

"그렇군요."

내가 내 삶에서 일어났던 사건들을 말하는 동안, 로즈는 미동도 하지 않고 나무 의자에 가만히 앉아 있었다.

"당신은 아버지 가까이에서 살아남는 방법 중 하나로 감정을 마비시키는 법을 배웠군요. 그것이 당신에게 너무 깊게 자리 잡고 있어서 결혼을 하고 아이들이 생길 때까지 어찌해 볼 수가 없었던 거죠. 그렇죠?"

나는 천천히 고개를 끄덕였다.

"하지만 내가 이 모든 것을 일부러 선택했던 것 같지는 않습니다. 그냥 내가 살아온 방식이 그랬을 뿐이에요. 나는 다르게 사는 법을 알지 못했어요."

내가 답하자 그녀가 물었다.

"다발성 경화증이라는 진단을 받았을 때, 뭔가가 변했나요? 우리는 심각한 병에 걸리면 때로 변화할 기회를 맞기도 하잖아요."

"변화하려고 애를 쓰기는 했습니다. 특히 아이들과의 관계를 회복하려고 노력했어요. 불현듯 아이들을 다시는 볼 수 없을 것이라는 생각이, 내가 죽는다는 생각보다 훨씬 끔찍하게 여겨졌거든요. 그래서 어느 날 아이들을 만나기로 마음먹고 그들이 살고 있는 테네시 주로 갔습니다. 너무 늦기 전에 아이들과 좀 더 친밀한 관계를 맺고 싶었어요. 아이들은 그 즈음 13살과 15살이었습니다."

"그래서 어떻게 되었나요?"

"잘 되지 않았습니다. 사실은 끔찍하게 안 좋았습니다."

나는 티나와 함께 아이들을 만나러 갔다. 우리는 문 앞에서 수의 부모님과 인사를 했다. 수는 그곳에 없었다. 수의 부모님이 우리를 거실로 안내해 주었고, 서로 예의를 차리며 대화를 몇 마디 나누었다.

조금 시간이 지나자 딸과 아들이 거실로 나왔다. 몹시도 겁을 먹은 것 같았다. 아들은 냉담해 보였고, 딸아이는 그 자리를 아주 불편해했다. 게다가 비록 겉으로는 정중하게 대하고 있지만 마음속으로는 분명히 나를 싫어하고 있을 예전의 장인, 장모님은 결코 자리를 뜨지 않았다. 그래서 나는 아이들과 자유롭게 대화를 나눌 수가 없었다. 모든 상황이 굉장히 부자연스러웠다. 한때는 나도 그 가족의 일원이었지만, 지금은 완전한 외부인임이 분명했다.

티나와 나는 겨우 30분 정도만 머물러 있다가 그곳을 나왔다. 참담했다. 나는 성장 과정을 보지 못했지만, 아이들은 거의 다 자라있었다. 추억이 홍수처럼 밀려왔다. 딸아이가 아기였을 때, 나는 딸이 살고 있는 세계의 중심이었다. 젖니가 나느라고 울며 보채는 딸아이를 꼭 껴안고서 흔들어 주던 일이 생각났다. 또 산부인과 분만실에서 처음으로 아들을 보았을 때 내가 얼마나 기뻐했던가! 막 태어난 아기를 안고 나는 울음을 터트렸었다. 어떻게 나는 아이들이 나에게서 멀어지도록 그냥 내버려 둘 수 있었을까? 정말로 이해할 수가 없었다. 내가 잃어버린 것은 너무도 크고 소중한 것이었고, 그로 인한 상실감이 사무치게 밀려왔다.

내가 진정한 친밀감을 느꼈던 유일한 순간은, 아이들이 어렸을 때 그들과 나눴던 관계 속에 있었다. 그런데 이제는 그 아이들이 나를 두려워하고 있다니, 믿기지 않는다. 아이들은 나를 잘 모르는 것이 분명했고, 내가 왜 그들의 곁을 떠났는지도 이해하지 못하고 있었다. 무엇보다 두려운 것은, 내가 무의식중에 아버지의 행동을 그대로 따라 했다는 사실이다. 우리 아이들은 나처럼, 아버지의 부재로 인해 깊은 상처를 안고 자라온 것이다. 마치 내가 어린 시절, 아버지의 정서적인 관심을 받지 못해 아파했던 것처럼 말이다.

해가 저물어 갈 즈음이 되어서야 내 이야기는 끝이 났다. 거친 나무 벽을 잘라서 만든 창문과 출입문으로 장밋빛의 아름다운 노을이 비쳐 들었다. 땀에 젖은 내 얼굴과 등이 따끔거렸다. 그제야 나는 그 방이 얼마나 덥고 답답한지를 깨달았다. 안에도 밖에도 바람 한 점 불지 않았던 것이다. 로즈는 잠시 동안 가만히 앉아 있었다. 그런 다음에 이렇게 말했다.

"이야기를 들려줘서 고마워요, 게리. 이런 오래된 기억들을 회상하는 일은 생각보다 고통스럽겠지요. 하지만 올바른 치유 프로그램을 짜기 위해서는 당신의 삶에 대해 알 필요가 있답니다."

그녀는 잠시 멈췄다가 이렇게 덧붙였다.

"여전히 당신의 감정적인 마비와 다발성 경화증의 관련성을 받아들이기 힘들다는 거 알아요. 그렇지만 마음을 계속 열고 있어야 한답니다."

"알겠습니다."

"좋군요."

뒤에서 어떤 목소리가 들렸다. 깜짝 놀라 휠체어를 돌리자 레이가 우리를 바라보고 있었다.

"저녁 먹을 시간입니다, 친구."

"아침에 봐요, 게리."

레이가 내 휠체어를 밀면서 오두막 밖으로 나가려 하자 로즈가 말했다.

"잠깐만요."

나는 손으로 바퀴를 잡아서 멈추게 한 다음 물었다.

"당신은 우리와 함께 가지 않나요?"

로즈는 주저하더니 이렇게 말했다.

"게리, 나는 이 부족 사람이 아니에요. 나는 지금 방문자 오두막에 머무르고 있답니다."

그녀는 치유 오두막 뒤에 있는 다른 오두막을 가리켰다. 두 오두막 모두 마을 사람들의 오두막과는 약간 떨어져 있었다. 조금 혼란스러웠다. 그렇다면 왜 나는 부족 사람들과 함께 먹고 잠자는 게 허락되었지? 궁금했지만 왠지 물어서는 안 되는 질문인 것 같았다. 레이도 아무런 설명을 해 주지 않았다. 그저 나를 오두막에 데려다 놓고는, "가서 저녁으로 굼벵이를 조금 가져올게요."라고만 말했다.

레이가 말 그대로 굼벵이를 가져올 줄은 전혀 몰랐다. 하지만 그가 나무 그릇 두 개를 가지고 돌아왔을 때, 나는 알게 되었다. 저녁 메뉴로 구운 뿌리채소 조금에다가 어떤 곤충의 유충들인 굼벵이를 가져왔다는 것을 말이다. 그것들은 여전히 꿈틀거리고 있었다.

할 수 없이 나는 구운 뿌리채소들만 조금 먹고, 호리병박에 든 미지근한 물을 마셨다. 그러면서 레이가 살찐 굼벵이들을 맛있게 먹는 모습을 바라보았다. 그도 한쪽 눈을 반짝이며 나를 바라보았다. 먹어 보라는 무언의 메시지 같았다. 씹지 않고 통째로 삼킬 요량으로 굼벵이 한 마리를 입안에 넣어 보았다. 그러나 레이는 내가 그것을 씹어 먹기를 기다리고 있는 것 같았다. 살짝 씹어 보았다.

사실 맛은 그리 나쁘지 않았다. 앞으로의 치유를 위해서라도 힘을 비축해 둘 필요가 있었다. 그래서 내 몫의 굼벵이들을 마저 다 먹었다.

레이는 재미있다는 듯이 싱글거리면서 그릇을 치웠다. 그런 다음 반바지만 입은 차림으로 울퉁불퉁한 벽에 등을 기대고 앉았다. 그러고는 자신의 팔뚝을 위아래로 문질렀는데, 이는 내가 전에도 본 적이 있는 레이의 습관이었다.

"자, 친구, 오늘은 어땠나요?"

앞으로 이런 패턴이 계속될 터였다. 즉 낮 동안에는 로즈와 치유를 위한 탐색을 하고, 저녁 식사를 한 뒤에는 레이와 낮에 한 일을 전부 다시 이야기하는 방식 말이다.

그날 밤에는 내 병과 삶이 서로 관련이 있다는 말을 하는 게 무척 어려웠다. 그러자 레이는 원주민들이 생각하는 연결되어 있음에 대해서 좀 더 이야기해 주었다. 그가 설명하길, 원주민들에게는 영어로 대략 '주변 환경'이라고 번역될 수 있는 단어가 있다고 했다.

이 단어는 외부의 모든 것을 포함할 뿐만 아니라 내면에 있는 모든 것도 포함한다고 했다. 그러니까 내적이고 외적인 환경 전부를 의미한다는 것이다. 그가 말했다.

"우리는 서로서로 연결되어 있고, 우리가 살아가고 있는 외부 세계와도 연결되어 있습니다. 이뿐만 아니라 우리의 몸, 마음, 영혼 역시 서로 아주 긴밀하게 연결되어 있습니다. 서양에서는 환경을 그저 외부에 있는 어떤 것이라고 생각합니다. 하지만 진실은 당신이 곧 당신의 환경이라는 점입니다."

나는 이해가 잘 되지 않아서 그저 머리를 흔들었다. 레이는 놀려 대는 표정으로 나를 보면서 말했다.

"친구, 말해 봐요. 인간을 이루는 게 무엇이라고 생각해요?"

"그러니까, 나는 몸을 갖고 있지요."

손가락 하나를 세우며 내가 말했다.

"그리고 마음을 갖고 있어요."

다른 손가락을 세우며 내가 말했다.

"또 영혼도 갖고 있고요."

레이는 내가 들어 올린 손가락 세 개를 잡더니 서로 엮듯이 함께 모았다.

"보세요, 친구. 이것이 실제로 당신 내부에서 일어나고 있는 일입니다. 당신네 문화에서 당신들은 몸, 마음, 영혼을 통합하는 문제에 대해서 세미나를 하고, 책을 읽으면서 많은 시간을 보냅니다. 그런데 사실 그것들은 한번도 분리된 적이 없습니다. 태어난 순간부터 당신은 '몸-마음-영혼의 존재'입니다. 당신이 행하는 일은 다른 것들에 즉각적인 영향을 미친다는 뜻입니다. 왜냐하면 그것들은 하나이고 동일한 것이기 때문입니다."

그는 싱긋 웃었다.

"또한 우리는 환경과도 결코 분리된 적이 없습니다. 바람, 비, 흙, 그것들은 모두 우리에게 영향을 끼치고, 우리도 그것들에게 영향을 끼칩니다. 비가 오려고 할 때면 당신은 내면에서 그것을 느낄 수 있을 겁니다. 약간 긴장이 느껴지면서 뭔가 일어나리라는 것을 감지하는 거죠. 그러다가 막상 비가 떨어지면 안심이 되고 다시 기운이 나는 것을 느낄 겁니다."

레이는 함께 모았던 내 손가락을 다시 놓아준 뒤에 벽에 등을 기대고서 무표정한 표정으로 나를 찬찬히 뜯어보았다. 그 표정 속에는 언뜻 보아서는 알아챌 수 없는 유머와 따스함이 있었다. 그 사실을 알기 전까지는 나도 깜빡 속아 넘어가곤 했던 표정이다.

"그것들 전부가 당신의 환경이에요, 게리. 만약 당신의 내적인 세계와 외적인 세계가 조화롭게 나아가고 있다면, 당신은 영적으로나 육체적으로 건강할 것입니다. 만약 당신이 건강하지 못한 외부 환경을 만들어 낸다면, 당신은 어떤 내적인 치유도 이루어 낼 수 없을 겁니다. 그렇기 때문에 우리는 육체적 상황이 영적인 상황과 직접적인 관련이 있다고 말하는 겁니다. 그리고 이것은 당신에게 달린 문제입니다."

그날 밤 나는 딱딱한 침대에 누워 연결이라는 문제에 관해서 이리저리 생각해 보았다. 정말로 내 삶에 일어난 모든 사건이 서로 관련이 있을 수 있을까? 그러니까 내 결정들과 신념들이 다발성 경화증이라는 병과 관련이 있을 수 있는 것일까?

나는 비참했던 어린 시절로부터, 그리고 아버지가 남겨 준 상처들로부터 도망쳤다고 생각했다. 아버지는 자기 안의 악마들과 맞설 수 없는 사람이었다. 아버지의 무능력이 이제 나의 것이 되어 버린 걸까? 물론 나는 아버지처럼 술을 마셔 대면서 스스로를 무감각하게 만들지는 않았다. 하지만 감정을 차단해 버리는 능력은 정말이지 너무나 잘 써먹었지 않은가. 나는 현재 전신이 마비되어 가고 있다. 어쩌면 이 병은 감정적으로 무감각해진 나를 그대로 비춰 주는 거울일지도 모른다. 혹은 벌써 오래전에 내 영혼에서 일어났던 상황이 몸으로 나타나고 있는지도 모른다.

이런 생각들을 하고 있자니 마음이 편치 않았다. 사람들을 건강하게 만들거나 아프게 만드는 것이 무엇인지에 관해서, 그동안 다져온 신념들이 무너지고 있었다. 내가 내 삶을 무감각하게 대하고 있었을 뿐만 아니라, 어쩌면 내 몸까지 무감각하게 했을지도 모른다는 생각을 하고 있자니, 참으로 울적했다. 그렇긴 해도 한 줄기 희미한 희망의 빛이 느껴졌다.

전에는 다발성 경화증을 내 삶에 다가온 지독히 불쾌한 것이라고만 생각했다. 또 불가사의하게 나를 강타한 불운으로만 여겼다. 하지만 만약 내 몸이 이렇게 마비된 것에 감정적, 정신적, 영적인 '이유들'이 있다면, 어쩌면 이를 치유하기 위해 내가 뭔가를 할 수도 있지 않을까? 적어도 죽음에서 벗어날 무언가를 할 수도 있을 것 같았다.

잠이 들기를 기다리며 누워 있자니 내가 너무나 작고 외로운 존재처럼 느껴졌다. 내 주위에 있는 것들은 외롭고 적막한 것들뿐이었다. 그리고 그런 것들은 나에게 아무런 위안도 주지 못했다. 내가 할 수 있는 일이라고는 로즈와 레이가 제공해 주는 가느다란 희망의 끈을 꽉 붙잡는 일뿐이었다. 어떻게든 치유의 열쇠를 찾아내야만 했다.

# 3장

# 첫 번째 열쇠 :
# 기꺼이 하기

전날 밤의 혼란스러움에도 불구하고 나는 잠을 잘 잤다. 치유 과정을 계속하고자 하는 의욕도 솟아났다. 나는 붉은 땅을 내리쬐고 있는 태양을 바라보려고 휠체어를 타고 입구 쪽으로 다가갔다.

마을 사람들 대부분이 내 오두막 바깥에 서 있거나 앉아서 나를 쳐다보고 있었다. 정말 깜짝 놀랐다. 그들은 아무 말도 하지 않았고, 아이들도 놀이를 하고 있지 않았다. 그저 내가 나타나기만을 기다리고 있었던 것 같았다. 나는 한 손을 들어 보이면서 크게 말했다.

"안녕하세요."

아무런 반응이 없었다. 당황한 나는 주위를 두리번거렸다. 마침 레이가 어슬렁거리며 다가오는 것이 보였다. 안심이 되었다. 그가 사람들에게 뭐라고 중얼거리면서 오두막 안으로 들어오자 다른 사람들도 자기들 일을 하러 흩어졌다.

"안됐지만 당신이 주요 관심사네요, 친구."

그가 설명해 주었다.

"우리 부족민들은 대부분 백인을 본 적이 없답니다. 게다가 당신이 타고 다니는 휠체어가 몹시 궁금한 모양입니다."

또다시 내가 이방인처럼 느껴졌다. 여기 사람들에게 몇 마디라도 말을 건넬 수 있으면 얼마나 좋을까. 하지만 그들의 언어는 전혀 알아들을 수 없는 이상한 소리로만 들렸다. 레이와 로즈에게 아주 조금씩 그들의 말을 얻어듣기는 했지만, 그들과 소통하기에는 아주 미미한 수준이었다.

머핀 비슷한 음식으로 아침 식사를 마치자마자 우리는 로즈를 보러 갔다. 그녀는 보통 때처럼 즐거운 미소를 지으며 인사를 건넸다. 그리고 우리가 '치유에 필요한 다섯 가지 중요 요소'를 탐구하면서 많은 시간을 보낼 것이라고 말했다.

로즈의 이야기를 듣다 보니 약간 참을 수 없는 기분이 들었다. 나는 '진짜' 치료를 받고 싶었다. 결국 시간은 째깍거리며 가고 있지 않은가. 살날이 2년밖에 안 남았다는 선고를 받는다면, 하루하루를 그렇게 보낼 수는 없는 노릇이다.

로즈는 머리를 가볍게 가로저으며 말했다.

"급박한 느낌이 든다는 거 알아요, 게리. 하지만 이것은 치유 과정에 꼭 필요한 아주 중요한 부분이랍니다. 우리가 하려는 일은 기초를 세우는 일이에요. 원주민 치유력은 영적인 토대를 갖고 있다고 내가 이전에 이야기했잖아요. 앞으로 나아가기 전에, 당신이 꼭 이해해야만 하는 개념들이 몇 가지 있답니다."

"좋아요, 그 중요한 요소들에 대해서 말해 주십시오."

나는 할 수 없이 따르겠다고 말했다.

"어제 우리는 '연결되어 있음'에 관해서 이야기를 했어요. 이것을 모든 체계를 하나로 이어주는 모르타르 반죽이라고 생각할 수도 있답니다. 이제 우리는 기초가 되어 줄 몇 개의 벽돌을 놓아야만 해요. 좀 더 심오하고 특별한 치유를 행하기 위해서지요. 그것이 바로 다섯 개의 열쇠, '치유에 필요한 다섯 가지 중요 요소'랍니다."

그녀는 한 손을 들고 손가락을 하나하나 꼽아가며 말했다.

"이것들은 '기꺼이 하려는 마음', '알아차리기', '받아들이기', '힘 부여하기', '집중하기'입니다."

"그러니까 오늘 아침에 우리는 벽돌을 쌓을 거란 말씀이네요. 대단히 어려운 작업처럼 보이는데요. 벽돌을 쌓기 위해서 내가 일어설 수 있다고 확신하시나요?"

내가 농담을 던졌다.

"그건 전적으로 당신에게 달려 있습니다." 로즈는 진지하게 대답했다. "사실 그 질문은 당신이 스스로에게 물어보았으면 하는 첫 번째 질문이랍니다. 몸이 나아지기 위해서 제일 먼저 필요하고, 가장 중요한 것이 바로 정말로 그렇게 되길 바라는 마음입니다. 의식적으로뿐만 아니라 잠재의식적으로도 원해야만 해요. '기꺼이 하려는 마음'은 건강으로 가는 문을 여는 열쇠니까요. 치유에 필요한 첫 번째 중요 요소지요. 그래서 말인데요, 게리, 당신은 기꺼이 낫고 싶은 마음인가요?"

이렇게 묻는 그녀가 나로서는 그저 놀라울 뿐이었다.

"당연하지요, 나는 기꺼이 낫고 싶어요. 지금 내가 여기에 와 있잖아요, 그렇지 않나요?"

"글쎄요, 앞으로 알게 되겠죠. 의식 수준에서 우리는 대부분 치유되기를 원합니다. 하지만 잠재의식 수준에서는 의식과 똑같이 느끼지 않을 수도 있어요. 내면 깊이 숨겨 놓은 어떤 지침이 우리에게 있을 수 있거든요. 때로는 변화에 저항하고, 변화를 원치 않는 마음이 있을 수 있답니다. 왜냐하면 변화는 인간의 전형적인 사고방식과 충돌하기 때문이죠. 변화가 일어나려면 당신은 의식의 모든 수준에서 기꺼이 낫겠다는 마음을 가져야 해요. 그래야 치유가 시작될 수 있으니까요. 당신이 처음에 하게 될 일은 신념 체계를 검토하는 일일 것입니다. 잠재의식 수준에서 진실이라고 믿는 것이 무엇인지를 알아내는 것이랍니다. 이 과정에서 당신은 당신이 많은 영역에서 스스로를 방해해 왔음을 깨닫게 될 거예요."

"뭐, 그게 어떤 일들과 관련해서는 사실일 수도 있을 겁니다. 하지만 내가 기꺼이 병을 치유하고 싶어 한다는 점만은 확실해요. 여기까지 오는 데 내가 어떤 일을 겪었는지 당신은 모를 겁니다. 정말로 믿을 수 없는 여행이었다고요."

내가 대답했고, 뒤이어 로즈가 말했다.

"그러면 그것에 대해서 이야기해 주세요, 게리. 당신이 캐롤린을 만났다는 것은 알아요. 그녀가 당신을 레이와 연결해 주었다는 것도요. 그리고 레이가 당신을 여기로 데려왔지요. 그런데 이 모든 일은 처음에 어떻게 일어난 거죠? 왜 당신은 수천 마일을 여행해 올 정도로 그들 두 사람을 믿게 되었나요? 그런 것들을 말해 주세요."

내가 왜 그들을 믿었을까? 참으로 좋은 질문이었다. 나도 그 답을 알지 못하는 질문이니까 말이다. 하지만 적어도 어떻게 그 모든 일이 일어났는지는 말할 수 있었다.

"이 모든 일은 우연한 만남에서 시작되었습니다. 나는 종종 고통에서 벗어나고자 집 근처 재즈 바에 가곤 했습니다. 그날은 살날이 고작 2년밖에 남지 않았다는 말을 듣고 난 다음이었습니다. 나는 아주 울적했고, 음악으로나마 위안을 얻고 싶어 그곳에 간 거죠."

그날 밤 그 재즈 바에는 사람들이 너무 꽉 들어차 있어서,

휠체어를 탄 채로는 안으로 들어갈 수가 없었다. 그래서 차 트렁크에 휠체어를 넣어 두고, 지팡이 두 개를 짚고서 아주 힘들게 안으로 들어갔다. 다행히도 차에서 재즈 바까지 가는 길은 그다지 멀지 않았다. 하지만 재즈 바 안에는 사람이 너무 많아서 빈 좌석이 눈에 들어오지 않았다. 나는 겨우겨우 바에 기댄 채 자리를 찾고 있었다. 그러면서 할 수 있는 한 잔뜩 몸을 움츠리고 있었다. 혹시 누군가 서둘러 지나가다가 나를 넘어뜨릴까 봐 두려웠기 때문이다.

그때 가까운 자리에 있던 한 여성이 자리를 뜨려는 것처럼 보였다. 나는 그녀에게 말했다.

"실례합니다. 그 자리에 제가 앉아도 될까요?"

그녀가 미소를 지으며 대답했다.

"저도 막 그 제안을 하려던 참이었답니다."

감사하다는 말을 전한 뒤 나는 그 자리에 털썩 주저앉았다. 잠시 숨을 고르고 있는데 그 여성이 다시 돌아오는 게 보였다. 그녀는 다른 의자를 찾아 내 쪽으로 끌고 왔다. 그러고는 내 곁에 앉더니 한 손을 내밀며 말했다.

"제 이름은 캐롤린이에요. 당신이 여기 있어서 기뻐요. 오늘 밤 우리가 이야기를 나누는 일은 이미 예정되어 있었거든요. 이 세상에 우연이란 없답니다."

이야기를 나누기로 예정되어 있었다고? 그게 대체 무슨 뜻이람? 다른 때였더라면, 나는 대충 "오호라, 그렇군요."라고 대꾸하고는 눈알을 굴리면서 상대를 요리조리 살펴봤을 것이다. 하지만 그날 밤에는 옆자리에 동료가 있어서 아주 고맙고 기분이 좋았다.

캐롤린은 친절했다. 편한 대화 상대였으며 매력적이었다. 고통스러운 내 생각들을 딴 데로 돌리는 데 아주 안성맞춤인 사람이었다. 금방 그녀가 아주 편하게 느껴졌다. 그녀는 내 지팡이에 대해서 물었고, 나는 다발성 경화증을 앓고 있다고 말해주었다. 현대 의학에 느끼는 나의 실망과 좌절에 대해서도 이야기했다. 결국에는 내 병의 끔찍한 예후에 대해 의사가 어떻게 말했는지까지 이야기하게 되었다.

캐롤린은 다정한 태도로 이야기를 들어주었다. 그녀는 자신이 자연요법 치유사라고 했다. 또 대안 의학을 공부한 의학 박사이고, 호주에서 임상 실습을 하고 있다고 말했다. 그녀는 면역 체계 강화에 대해서 이야기하며, 단지 증상만 치료하기보다는 병의 원인을 치료해야 한다고 주장했다. 과학적 관점에서 보더라도 그녀의 설명은 논리적으로 보였다.

캐롤린은 지적이고 진지해 보였지만 그렇다고 내 과학적 사고방식을 완전히 바꿀 수는 없었다. 나는 계속 그녀와 논쟁을 벌였고, 그녀가 이야기한 임상 실습을 살짝 공격하기도 했다. 마침내 캐롤린은 나를 똑바로 바라보더니 단호하게 말했다.

"게리, 단 한 번만이라도 마음을 열고, 뭔가를 상상해 볼 수는 없나요? 세상에는 도저히 과학으로는 증명할 수 없는 일들도 일어난다는 사실을 말이에요."

"그게 얼마나 어려운 일인지 당신이 잘 몰라서 그래요."

"이런 식으로 말해 볼게요. 물리학자로서 당신은 알버트 아인슈타인을 존경할 거예요. 그렇죠?"

"당연하죠. 그는 굉장히 똑똑한 사람이죠."

"그런데 아인슈타인이 이런 말을 했답니다. '상상력이 지식보다 훨씬 더 중요하다.' 이 말에 어떤 진실이 있다고 생각하지 않나요?"

나는 웃음을 터트렸다.

"그게 바로 아인슈타인이 한 말들 중에서 내가 동의하지 않는 말이랍니다. 캐롤린, 나는 인생을 과학적 증명을 탐구하는 일에 바쳐 왔어요. 그래서 실체가 확실치 않은 공상적인 개념들은 나를 곤혹스럽게 한답니다."

내 말에 굴하지 않고 그녀가 계속 이야기했다.

"만일 당신이 그동안 고수해 오던 관점에서 벗어난다면, 무슨 일이 일어날 것 같아요? 지금 증명을 할 수 있느냐, 없느냐를 말하려는 게 아니에요. 하지만 증명할 수 없다고 한들 그게 무슨 상관이죠? 증명할 수는 없지만 사실이고 진실인 일이 있을 수 있다는 가능성에 마음을 연다면 무슨 일이 일어날까요?"

그녀가 무슨 말을 하고자 하는지 확신하지 못한 채 내가 물었다. "지금 우리가 내 개인적인 문제를 이야기하고 있는 게 맞지요? 다발성 경화증에 대해서 말하는 것이겠죠?"

"물론 그렇답니다."

나는 잠시 생각해 보았다.

"현대 의학 바깥에 다발성 경화증을 치유할 방법이 있다는 것을 상상하기 위해서는, 내가 그동안 참이라고 믿어 왔던 모든 것을 버려야만 합니다. 내 인생의 가장 근본이 되는 것들을 말입니다. 솔직히 말해서 저는 겁이 납니다."

캐롤린은 뒤로 물러앉더니 나를 진지하게 바라보았다.

"그런데 그런 신념들을 갖고서 당신이 지키고자 하는 게 무엇인가요?"

그 질문을 들으니 왠지 걱정스러워지기 시작했다.

"모르겠습니다."

"그래요. 당신은 그래야 해요. 당신 마음속에 일어나는 것들을, 그게 무엇이든 간에 그냥 한번 살펴보세요."

처음에는 어떤 것에도 제대로 집중하지 못했다. 캐롤린은 참을성 있게 기다려 주었다. 재즈 바의 음악이 점차 배경으로 물러나서 희미하게만 들렸다. 조금 시간이 지나자 나는 내가 지키고 있는 것이 무엇인지를 깨달을 수 있었다.

"그것은 내가 병에 걸렸다는 현실입니다. 나는 그 현실을 무시하고, 잊어버리고, 도망치려고 애를 써 왔어요. 하지만 그 현실은 사라지지 않았습니다. 그것은 여전히 여기에 있고, 나는 그 현실을 마주해야만 합니다. 하지만 어떻게 해야 할지를 정말로 모르겠어요. 의사들이 행하는 치유법들이 아무 소용없다는 사실이 나를 무척 두렵게 합니다. 희망을 버리지 않는 한 어딘가에 치유법이 있다는 사실을 믿어야겠지요. 과학이 이를 아직 찾아내지 못했을지라도 말입니다. 난 포기하고 싶지 않아요. 그리고 정말이지 죽고 싶지 않아요."

이런 이야기를 하면서 나는 암담한 절망을 느꼈다. 그 절망은 그저 늘 어딘가에 숨어 있다가 이렇게 불쑥 나타나는 것이었다. 캐롤린은 가만히 앉아서 내가 마음을 진정시킬 때까지 기다려 주었다.

"어딘가 나를 도와줄 곳이 있다고 믿고 싶어요. 저기 어딘가, 어느 곳엔가 희망이 있다는 것을요."

나는 한숨을 쉬었고 캐롤린은 내 한숨 소리를 듣더니 활짝 미소를 지었다. 그러자 왠지 주변이 환해진 것 같았다.

"오, 게리, 당신은 낫게 될 거예요!"

그녀는 확신에 차서 말했다. 나는 깜짝 놀랐지만 한편으로는 희망을 느꼈다. 그렇게 말한 뒤 캐롤린은 속내를 털어놓았다. 자신의 원주민 친구가 나를 도와줄 수 있을 것이라는 강한 느낌을 받았다고 말이다. 그의 이름은 레이이고, 보통은 부족민들과 함께 지내지만 1년 중 몇 달은 호주 브리즈번에서 일을 한다고 했다. 만약 내가 기꺼이 호주에 갈 생각이 있다면, 어쩌면 레이가 나를 도와줄지도 모른다고 캐롤린이 말해 주었다.

그녀가 내 병의 치유를 장담한 것은 아니었다. 하지만 희망의 불꽃이 계속 자라는 느낌을 받았다. 그날 밤 캐롤린은 내게 레이의 전화번호를 주었다. 내일 날이 밝으면 그 쪽지를 찢어 버릴지도 모르지만, 일단은 쪽지를 받아서 주머니에 넣었다.

다음 날 나는 전화번호가 적힌 종이를 꺼내서 바라보았다. 이건 미친 짓이었다. 서양 의학일랑 다 잊어버리라고? 한 번도 만난 적이 없는 호주 원주민 사내를 전적으로 믿고서 나를 맡기라고? 어리석기 짝이 없는 일이었다. 그런데도 나는 레이에게 전화를 걸고 있었다.

마침 부재 중이라 자동응답기에 메시지를 남겼다. 다음 날이 되어도 그는 내게 전화하지 않았다. 내가 다시 전화를 걸었다. 이번에는 그가 받았다.

"당신이 남긴 메시지를 들었습니다."

레이가 말했다. 그는 약간 귀에 거슬리는 목소리였고, 심지어는 짜증이 난 것도 같았다. 또 억양이 아주 단조로웠기 때문에 그의 말을 이해하기 위해서는 정신을 집중해야 했다.

"캐롤린이 당신의 전화번호를 주었습니다."

"아, 그래요? 그녀는 어떻게 지내던가요?"

그가 무뚝뚝하게 물었다. 나는 내 상황을 설명하고, 어떻게 캐롤린을 만났는지 말해 주었다. 그리고 나를 도와줄 수 있는지 물었다.

"어… 그럼 2주일 후에 다시 전화해 주세요."

그는 조금 퉁명스럽게 투덜거리듯 말했다.

"2주일이나 기다릴 수는 없습니다."

그의 말을 되받아치며 내가 말했다.

"뭐가 그렇게 중요합니까?"

"제 생명입니다."

잠시 침묵이 흘렀다.

"아마 시간이 있을 겁니다. 3일 후에 다시 전화하세요."

레이가 전화를 끊었다. 이 말을 어떻게 이해해야 할지 알 수가 없었다. 머릿속으로 우리가 나눈 대화를 여러 번 되새겨 보았다. 적어도 레이는 자기의 마음을 바꿨다. 2주일 후가 아니라

3일 후에 전화하라고 말했다. 왠지 이 사실이 내게 희망을 안겨주었다. 그리고 정확히 3일째 되던 날, 나는 레이에게 전화를 했다. 목소리가 더 친절해진 것 같지는 않았다. 전화를 받은 그는 이렇게 물었다.

"당신은 도대체 무엇 때문에 내가 당신을 도울 수 있을 거라고 생각합니까?"

"저는 캐롤린이 말했던 바를 따르고 있을 뿐입니다."

내가 대답했고 그는 곧바로 시인했다.

"그래요. 뭐 어쩌면 가능할 수도 있습니다. 당신을 도울 수 있는 누군가가 여기에 있을지도 모르니까요. 3일 후에 다시 전화하세요."

그 말을 끝으로 레이는 전화를 끊었다.

터무니없게도 기운이 나는 것 같았다. 그가 다발성 경화증을 치유할 수도 있다고 인정했기 때문이었다. 호주 오지에 나를 도울 수 있는 사람이 있는 것이었다. 그것은 가느다란 희망의 빛줄기였지만, 시한부 선고를 받은 것과 비교해 보면 전적으로 행운 같아 보였다. 3일 후에 다시 레이에게 전화를 걸었다.

"언제 여기로 올 수 있나요?"

그가 다짜고짜 물었다. 나를 받아주겠다는 이 갑작스러운 제안에 놀라면서 내가 말했다.

"그러니까 비자를 받는 데 며칠이 걸릴 겁니다. 여권은 이미 있으니까 상관없고요. 그런 다음에 비행기 표를 구해야겠지요. 아마도 1~2주 정도 걸리지 않을까 싶군요."

"어쩌면 더 빠르게 준비할 수도 있을 겁니다. 올 준비가 되면 다시 전화하세요."

다음 날 나는 비자를 받기 위해서 호주 영사관에 다녀왔다. 또 특별 마일리지를 이용해서 왕복 티켓을 끊었다. 짐을 다 싼 뒤 레이에게 전화해서 준비가 되었다고 이야기했다. 이번에는 그의 목소리가 조금 친절하게 들렸다. 그는 호주 브리즈번에 도착하면 자기에게 전화하라고 했다. 내가 잠시 머물 곳과 교통편을 알아봐 놓겠다면서 말이다.

나는 그렇게 호주로 떠날 준비를 마쳤다. 이 사실에 나는 잔뜩 흥분했지만 가족들과 친구들은 내 말을 듣고서 몹시 놀랐다. 누구보다 기겁한 사람은 내 전처였다.

"지금 제정신이에요? 재즈 바에서 우연히 만난 어떤 여자의 말만 믿고서, 어떻게 그런 미친 결정을 내릴 수 있어요?"

그녀는 나를 못 가게 설득할 요량으로, 자신은 나랑 함께 호주로 갈 생각이 없다고 단호하게 말했다.

"당신은 지금 어느 곳으로도 여행할 상태가 전혀 아니라고요. 18시간이나 걸리는 곳으로 혼자 비행기를 타고 간다니, 말도 안 돼요. 호주에 도착했는데 너무 아파서 꼼짝도 할 수 없는 상태가 된다면, 대체 어쩔 거죠?"

"그럴 위험을 무릅쓰고라도 난 갈 거요."

가장 가까운 친구들 몇 명에게도 내 계획을 이야기했다. 그들은 내가 심각한 종말을 향해 가고 있다고 생각하는 듯했다. 그들 중 한 명이 이렇게 말했다.

"여기 미국에서 네가 받고 있는 의학적인 치료는 세계 최고 수준이야. 넌 지금 허황되고 공상적인 꿈을 좇아가는 거라고. 게리, 넌 내 친구야. 난 네가 상처받는 것을 보고 싶지가 않아."

결국 나와 함께 가겠다는 사람은 아무도 없었다. 아무도 나를 따라가 주지 않으면 내가 호주로의 여행을 포기할지도 모른다고 생각했던 것 같다. 나는 슬펐다. 절박하게 어딘가로 떠나야 할 때가 되면 나는 항상 혼자인 것만 같았기 때문이다. 나는 다발성 경화증과 함께 홀로 남겨진 게 분명했다. 호주로 가는 이 여행을 혼자서 해내야만 하는 것이다.

나는 혼자서라도 호주에 가기로 마음먹었다. 겉보기에는 미친 결정인 게 분명했지만, 호주 오지에 나를 위한 뭔가가 있다는 확신이 들었다. 그게 대체 무엇인지 그때는 전혀 몰랐지만 이번만은 마음이 끌리는 대로 해야 할 것 같았다. 이것은 이성이 내린 결정이 아니었다. 뭔가 다른 것, 본능적인 감정, 이를테면 내면의 목소리가 나더러 이 여행을 해야 한다고 말했던 것이다. 아무도 나를 막지 못했다.

떠나기 전날 밤 나는 침대에 누워서 생각했다. 이 모든 일이 겨우 1~2주 사이에 일어났다고. 약간 걱정이 되었지만, 흥분도 되었다. 엄청난 선물을 받은 느낌이었다. 캐롤린이 말했던 "세상에 우연한 일이란 없어요."란 말이 갑자기 새로운 의미를 띠고서 내게 다가왔다. 어쩌면 세상에는 내가 알지 못하는 어떤 신비한 힘이 있을지도 모른다.

다음 날 나는 휠체어를 탄 채로 호주행 비행기에 올랐다. 그 무렵 나는 지팡이를 사용할 수 없을 정도로 쇠약해져 있었다. 내가 탄 휠체어는 좌석 맨 끝에 있는 빈 공간에 놓여졌다. 그곳에서 나는 긴 비행시간을 견뎌야 했다.

비행기는 사람들로 꽉 차 있었다. 과거에 사업차 출장을 갈 때면 나는 옆 좌석 사람들과의 대화를 의도적으로 피하곤 했었다. 하지만 의도치 않게 사람들과 동떨어져 있다 보니, 어찌나 외로운지 아무라도 붙들고 이야기를 하고 싶었다.

14시간 반을 비행한 후에 시드니 공항에 도착했다. 3시간 반이 지난 뒤에는 브리즈번으로 가는 비행기에 올랐다. 마침내 브리즈번에 도착했을 때는 어찌나 피곤하던지 손을 들어 올리는 일조차 어려웠다.

승무원이 휠체어를 밀어서 비행기에서 내려 주고 세관을 통과할 수 있도록 도와주었다. 또 가방을 찾아 준 다음에 전화기가 있는 곳으로 데려다주었다. 레이에게 전화를 했더니 자동응답기에 나를 안심시키는 메시지가 들어 있었다. 승무원이 대신 전화를 끊어 주었다. 그런 다음 내 가방을 집어 들더니 저쪽에 있는 택시 정류장에 갖다 놓겠다고 말했다.

승무원이 재빨리 택시 정류장 쪽으로 걸어가는 것을 나는 멍하니 쳐다보았다. 얼떨결에 일어난 일이라서 그를 소리쳐 부를 수가 없었다. 게다가 나는 너무나 지쳐 있었다. 휠체어 바퀴를 제대로 굴릴 수조차 없었다. 그동안 나는 전동 휠체어를 사지 않았다. 그걸 산다는 것은 내가 병에 패배했음을 인정하는 것이라고 생각했기 때문이었다. 하지만 그때는 전동 휠체어가 있었으면 얼마나 좋았을까 하는 생각이 간절히 들었다. 그냥 단추 하나만 눌러서 택시 정류장 쪽으로 갈 수 있다면 얼마나 좋을까 하고 말이다.

40여 분가량을 낑낑대며 씨름을 하고 난 뒤에야 간신히 택시 정류장에 도착했다. 그곳에 있던 사람들이 나를 번쩍 들어서는 택시 뒷자리에다 억지로 밀어 넣었다. 키가 1미터 87센티미터고, 몸무게는 73킬로그램인 나를 말이다. 택시를 타고 호텔로 갔다. 호텔에서는 도어맨과 택시 운전사가 어찌어찌 나를 휠체어에 다시 앉혀 주었다. 호텔 숙박부에 서명하는 일도 어려워 안간힘을 내서 간신히 서명을 했다. 호텔방에 도착해서는 그대로 침대에 쓰러져 옷을 입은 채로 곯아떨어져 버렸다.

"그 나머지 이야기는 당신도 알 겁니다. 레이가 다음 날 아침에 나를 찾아왔고, 나와 내 짐을 자기 차에 실었습니다. 그리고 내가 아는 도로 중에서 가장 형편없는 도로를 덜컹거리며 7시간 정도 달려왔지요. 그런 다음 내가 아는 침대 중에서 가장 딱딱한 침대가 있는 오두막에 나를 데려다 놓았고요."

가만히 이야기를 듣던 로즈가 웃음을 터트렸다.

"침대가 딱딱해서 잠을 못 주무시나요?"

"사실은 전혀 아닙니다. 그것과 상관없이 나는 정말 잠을 푹 잘 잔답니다."

"그런데 게리, 이 힘든 여행을 해낼 정도로 당신이 어째서 캐롤린과 레이를 믿었는지 아세요?"

로즈가 물었고, 나는 곰곰이 생각해 보았다.

"잘 모르겠습니다. 그들의 말에 따르게 된 뭔가가 내 안에 있었던 것 같아요. 내가 나아질 거라고 캐롤린이 말해 주었을 때 나는 그녀를 믿었습니다. 왜 그랬는지는 전혀 모르겠어요. 그냥 믿었습니다."

나는 머리를 가로저었다.

"그리고 처음 레이에게 전화를 걸었을 때, 그는 정말이지 곰처럼 퉁명스러웠어요. 하지만 내 안에는 여전히 그를 믿는 뭔가가 있었습니다. 마침내 그를 직접 만나 보니 줄곧 그를 알고 지낸 것 같은 느낌이 들더군요. 나에게는 특별한 경우였습니다. 왜냐하면 보통 때의 나는 대단히 조심성이 있고 내성적인 사람이거든요."

로즈는 고개를 끄덕였다.

"게리, 당신은 기꺼이 하려는 마음을 분명히 아주 많이 보여 주었어요. 하지만 당신이 알아야 할 것이 있습니다. 온갖 고생을 하며 수천 마일을 여행해 온 것보다 더 인상적인 것은, 견고한 사실의 세계에서는 결코 다루지 않는 자신의 한 부분을 당신이 기꺼이 믿으려 했다는 점이랍니다. 기꺼이 직관을 믿었던 거죠. 적어도 모험을 걸어 보겠다는 생각을 했다는 뜻이고요. 논리적 사고 너머에 뭔가가 있을지도 모른다는 생각을 하면서 말입니다."

그녀가 미소를 지었다.

"앞으로 우리는 당신이 다른 영역에서도 이와 똑같이 '기꺼이 하려는 마음'이 있는지를 알아볼 것이랍니다."

로즈는 약간은 이해하기 어려운 신비로운 말을 한 뒤에 일어나서 밖으로 나갔다. 그러자 바로 레이가 들어오더니 휠체어를 밀어 나를 오두막으로 데려다주었다.

그날 하루가 그렇게 빨리 지나갔다는 것이 믿기지 않았다. 하지만 태양은 어느덧 지평선 너머로 지고 있는 중이었다. 오두막에 들어온 레이가 촛불을 켰다. 그는 저녁 식사로 과일과 굼벵이들을 가져왔다. 그러고는 방 안에 있는 통나무 의자에 앉았다. 우리는 조용히 저녁을 먹었고, 저녁을 다 먹은 그가 몸을 쭉 뻗더니 벽에 등을 기대고 앉아서 물었다.

"그런데, 오늘은 무엇을 배웠나요?"

"오늘은 치유의 첫 번째 중요 요소인 '기꺼이 하려는 마음'에 대해서 배웠습니다."

"그래서 당신은 기꺼이 나으려는 마음이 있나요?"

"그러니까 내가 여기에 있는 거죠. 그렇지 않나요?"

오늘만 해도 이 질문을 벌써 두 번째나 듣고 있는 것이다. 살짝 짜증스러웠다.

"그게 기꺼이 하려는 마음이 아니고 뭐겠어요?"

"그저 여기에 온 것만으로 당신이 해야 할 바를 전부 했다고 생각하나요?"

레이가 퉁명스러운 몸짓을 해 보였고 나는 화가 나기 시작했다. 여기까지 오느라 내가 얼마나 고생을 했는지 그가 대체 뭘 안다고 그러는 거지? 가족들은 나를 못 가게 하려고 온갖 짓을 다 했다. 동료들은 나를 미쳤다고 생각했다. 단 한 사람도 기꺼이 동행해 주려 하지 않았다. 비행기를 타고서도 나는 완전히 혼자였다. 이 모든 일이 지금까지의 내 인생에 대한 하나의 은유 같았다.

"여기까지 나를 데려다준 것이 무엇인지 압니까?"

내가 레이에게 물었다.

"잘 모릅니다. 당신은 단골 고객을 위한 특별 마일리지 포인트를 사용했겠지요. 휴가를 보내러 온 것처럼 말입니다. 그게 아니라면 그 마일리지 포인트를 어디에다 쓸 셈이었나요?"

"단골 고객 마일리지 포인트를 어떻게 얻어 냈는지를 당신이 압니까?"

나는 발끈해서 그에게 대들었다. 지난 5년 동안 나는 전 세계를 비행기로 날아다니면서 이 마일리지 포인트를 얻었다. 조금이나마 걸을 수 있을 때에는 두 개의 지팡이에 의지한 채 비행기를 타고 다녔다. 그 후에는 휠체어에 앉은 채 비행기를 타고 다녔다. 사업을 계속해서 잘해 나가려고 필사적으로 노력하면서 말이다.

"당신은 비행기를 타고 다니면서 그 특별 마일리지 포인트를 얻었죠. 나는 그것을 '엉덩이' 포인트라고 부릅니다. 내가 말해 볼게요, 친구. 그것은 기꺼이 하려는 마음이 아닙니다."

그 순간 나는 정말로 레이에게 입 닥치라고 말해 주고 싶었다. 나는 덥고 피곤했다. 오두막은 숨 막히게 답답했고, 땀에 젖은 몸은 불쾌하게 끈적거렸다. 내가 원하는 것이라고는 그저 약간의 편안함과 위안일 뿐이었다. 이런 식의 무의미한 괴롭힘이 아니라 그저 새 친구와 가벼운 대화를 나누면서 긴장을 푸는 저녁 시간을 고대했을 뿐이다. 레이는 아마 내가 뭘 겪었는지를 이해하지 못하는 것이리라. 실제로 그가 나를 잘 안다고 할 수도 없지 않은가.

하지만 그는 나를 이곳으로 데려온 사람이고, 또 데리고 나갈 사람이기도 했다. 로즈를 제외하고는 유일한 지원자라고 할 수 있었다. 그를 믿어야만 했다. 화를 참으려고 애를 썼다.

"그렇다면 당신이 이야기해 주시죠. 무엇이 기꺼이 하려는 마음입니까?"

레이가 몸을 살짝 앞으로 기울이고는 내 팔에 자신의 한 손을 얹었다.

"게리, 당신을 위한 질문은 이것입니다. 당신은 기꺼이 느끼고자 합니까? 기꺼이 모든 감정을 마주하려고 합니까? 이것이 바로 당신이 갖고 있는 모든 문제의 중심입니다."

그가 틀렸다고 말하고 싶었지만 그럴 수가 없었다. 그는 정말이지 나를 끽 소리 못하게 만들었던 것이다. 바람 빠진 풍선처럼 분노가 스르르 내 속에서 빠져나갔다.

"나는 기꺼이 뭔가를 하려고 합니다. 하지만 어떻게 해야 하는지를 모르겠어요. 그러니 기꺼이 배워 보겠습니다."

레이는 잘 보이는 한쪽 눈으로 나를 찬찬히 살펴보고는 살며시 고개를 끄덕였다. 그러더니 갑자기 친절한 목소리로 나에게 물었다.

"당신 아이들에 대해서 이야기해 보고 싶지 않나요, 친구?"

그는 실패로 끝난 내 결혼 생활과 관계가 소원한 아들과 딸에 대해 이야기해 보라면서 나를 부추기고 설득했다.

이야기를 하면서 나는 전보다 덜 분석적이고, 덜 냉담해진 걸 느꼈다. 또한 전에는 느끼지 못한 어떤 고통이 느껴졌다. 그렇다고 극적인 장면이 연출되지는 않았다. 눈물을 터트리거나 그러지는 않았다는 뜻이다. 하지만 뭔가가 마음을 몹시 휘저어 놓은 것 같았다. 나는 기꺼이 감정들을 느껴 보겠다고 말했고, 이제 그것을 느끼기 시작하는 것 같았다. 하지만 레이와 서로 잘 자라고 인사를 나누었을 때, 나는 혼자 있는 게 퍽 위안이 되었다. 다른 사람 없이 혼자 있는 것, 또 내 감정들을 다루어야 한다고 요청받지 않은 채 그냥 혼자 생각해도 된다는 것에 안심이 되었다.

잠잘 준비를 하고 있는데 작은 오두막 안이 숨 막히게 더웠다. 해가 벌써 졌는데도 한낮의 강렬한 열기가 조금도 식지 않고 있었다. 게다가 바람 한 점 불지 않았다. 오두막 안에는 몸을 씻을 만한 물 같은 게 전혀 없었지만 나는 너무 피곤해서 관심도 두지 않았다. 그때는 위생문제가 그다지 중요하지 않았다. 게다가 옷이나 신발을 벗을 생각은 하지도 못했다. 왜냐하면 잠자는 동안에 커다란 벌레들이 신발 속으로 기어들어 오는 것을 원치 않았기 때문이다. 내 마비된 다리는 신발 안에 뭐가 있는지를 느끼지 못할 테니까 말이다.

베개로 사용할 배낭을 끄집어낸 뒤에 딱딱한 판자 침대에 누웠다. 그런 다음 오지에서 들려오는 소리에 귀를 기울였다. 어둠이 내려앉자 이제야 깨어나서 활동하기 시작하는 야행성 동물들의 이상한 울음소리가 들려오기 시작했다. 나는 그저 평온하게 잠에 들려고 애를 썼다.

바로 그때, 몹시도 귀에 거슬리고 컥컥거리는 것 같은 고함소리가 그 밤을 뒤흔들어 놓았다. 침대에 누운 나는 깜짝 놀라서 얼어붙었다. 그 소리는 마치 회색 곰의 울음소리와 재규어의 울음소리를 합쳐 놓은 것처럼 들렸다. 호주에는 그런 동물들이 없다는 것쯤은 알고 있었지만, 그런 무시무시한 소리를 내는 것이 대체 무엇인지 도무지 상상할 수가 없었다. 공포에 사로잡힌

나는 휠체어를 오두막 입구 쪽으로 힘껏 밀었다. 조금이라도 나를 보호하려고 말이다.

심장이 세차게 뛰는 소리를 들으면서 누워 있는데, 그 소리가 다시 들렸다. 이번에는 더 가까이에서 들려왔다. 내 몸이 공포로 부들부들 떨렸다. 공포의 감정을 애써 떨쳐 내려고 했지만 잘 되지 않았다. 어찌할 바를 모른 채 혼잣말을 하면서, 두려움을 없애 버리려고 안간힘을 썼다. 마치 나의 모든 신경 섬유 하나하나가 두려움을 느끼는 것 같았다. 나는 눈을 감고 기도하기 시작했다.

"신이시여, 저는 여기 혼자 있습니다. 내 삶의 마지막 희망이 이 낯선 곳에 있습니다. 무슨 목적 때문인지 당신이 저를 여기로 데려오셨지요. 제가 이 머나먼 곳에서 홀로 죽어야 하는 것일까요?"

그렇게 기도한 후 나는 놀랄 수밖에 없었다. 내가 다음과 같은 혼잣말을 했기 때문이다.

"여기서 죽기로 예정되어 있다면 그렇게 하도록 하지, 뭐."

죽어도 괜찮다고 말을 하고 나니 공포가 점차 가라앉기 시작했다. 어떤 평화로움이 조금씩 느껴졌다. 그 순간 나는 깨달았다. 모든 논리와 지식 너머에는 알 수 없는 뭔가가 있으며, 나는 지금 내가 있을 필요가 있는 곳에 정확히 와 있다는 사실을 말이다. 신이 그리고 내 삶의 사건들이 정확히 여기로 나를 이끌어 온 것이다. 비록 지금은 그 이유를 모르고 있긴 해도 나는 특별한 이유 때문에 여기에 와 있는 것이다. 또한 신이 계획한 것이 무엇이든 간에 나는 기꺼이 그것을 받아들일 것이다. 모든 감정을 느끼기로 예정되어 있다면, 나는 기꺼이 그 모든 것을 느낄 터였다.

고함 소리가 다시 들려왔다. 다행히 이번에는 소리가 훨씬 멀리에서 들렸다. 눈을 뜨고 고개를 돌려서 창문 쪽을 바라보았다. 무한히 펼쳐진 검은 하늘을 배경으로 별들이 빛나고 있었다. 그 어떤 별들보다 밝게 반짝이고 있었다. 시간이 영원히 멈춘 것 같았다. 이상하게 그것이 위로가 되었다. 평화롭게 잠 속으로 빠져들어 갔다. 신이 나를 위해 준비해 둔 것이 무엇일지를 기대하면서 말이다.

4장

# 두 번째 열쇠 :
# 알아차리기

다음 날 아침에 일어나 보니 내 휠체어가 오두막 입구를 막고 있었다. 어떻게 거기까지 가야 할지 막막했다. 그렇다고 누군가에게 도움을 요청하고 싶지는 않았다. 난처해지고 싶지 않았던 것이다. 지난밤에 들려온 소름 끼치는 고함 소리에 내가 얼마나 겁을 집어먹었었는지를 인정하고 싶지 않았다는 뜻이다. 그래서 어떻게든 혼자 힘으로 휠체어까지 가고 싶었다.

하지만 침대에서 아무리 몸을 뒤틀고 별짓을 다 해도, 휠체어를 붙잡을 정도까지는 팔이 닿지 않았다. 레이가 나타나기 전까지 시간이 얼마나 남았는지도 몰랐다. 그가 도착하기 전에 휠체어에 앉아 있고 싶었다. 그러므로 휠체어까지 가려면 기어가는 수밖에 별다른 도리가 없었다.

나는 어떻게든 휠체어에 앉은 채로 레이를 맞이해야겠다고 마음먹었다. 그래서 마비된 두 다리를 간신히 침대 아래로 끌어내린 다음 아주 어렵사리 흙바닥에 내려앉았다. 감각이 전혀 없는 무거운 몸을 아주 조금씩 움직여 휠체어가 있는 곳까지 기어갔다. 그렇게 간신히 휠체어까지 가서는 의자에 앉기 위해 휠체어 브레이크를 잠그고 몸을 힘껏 밀어 올렸다. 의자 가장자리에 어떻게든 걸터앉으려고 했지만 '쿵' 소리와 함께 딱딱한 흙바닥으로 다시 떨어졌다. 몇 번이나 시도를 해 보았지만 번번이 실패했다.

나는 당황한 채로 휠체어에 앉기 위해 악전고투를 벌였다. 그러느라 아침부터 땀을 뻘뻘 흘리기 시작했다. 레이에게 이런 모습을 보이기는 정말 싫었다. 레이에게는 짐짓 즐거워하면서 남을 짓궂게 놀려 먹는 유머감각이 있었기 때문이다. 그 유머를 정면으로 받는 처지가 되고 싶지는 않았다. 비록 그가 나를 도와준다 하더라도, 나보다 체구가 훨씬 작은 사람이 나처럼 무거운 사람을 들어 올리는 일은 꽤나 힘이 들 터였다.

마침내 간신히 휠체어 의자에 앉을 수 있었다. 그러고는 몸에 묻은 흙과 먼지들을 대충 털어 내었다. 또 전날 밤 혼자서 두려움에 떨었던 흔적들도 지우려고 나름대로 애를 썼다. 보기 흉하지 않은 정도로 대충 몸과 마음을 추스른 나는 밖으로 나가려고 휠체어 바퀴를 돌렸다. 그런데 놀랍게도 입구에 열한두 살 정도 되는 소년이 서 있었다. 순간 나는 굉장히 당황스러웠다. 분명 그 아이는 내가 바닥을 기어서 휠체어에 올라앉으려고 악전고투하는 꼬락서니를 다 보았으리라. 뭐라고 해야 할지 모른 채, 나는 그냥 아이에게 "안녕!"이라고 인사를 건넸다.

아이는 이상스럽게도 아주 공손한 표정을 지으면서 내게 절을 했다. 그러고는 자기네 말로 뭐라고 말을 했다. 내가 미처 답하기도 전에 아이가 뒤돌아서서 갔다.

"안녕하세요, 친구."

이제는 입구에서 레이가 나를 들여다보고 있었다. 그가 방금 여기서 일어났던 일들을 보았을까? 레이는 어떤 내색도 하지 않았다. 그저 내게 아침 식사를 가져다주고, 휠체어를 밀어서 로즈에게 데려다주었을 뿐이었다.

또 다른 하루가 그녀의 작은 치유 오두막을 달구고 있었다. 오늘 아침에 나는 정말로 기꺼이 하려는 마음이 들었다. 치유의 두 번째 중요 요소인 '알아차리기'와 씨름하고 싶어졌다.

로즈는 지난밤에 레이와 내가 나눈 대화를 듣고도 크게 놀라지 않았다. 또한 기꺼이 하려는 마음과 관련해서 내가 얻은 통찰을 듣고도 놀라지 않았다. 하지만 나는 야생 동물 때문에 느낀 공포에 대해서는 이야기하지 않았다. 아직 마음의 준비가 되지 않았기 때문이다. 그래도 어젯밤 내 운명을 신에게 맡기기로 했다는 점만은 이야기했다.

"아주 멋져요, 게리." 그녀가 대답했다. "이제 당신은 다음 단계인 '알아차리기'로 갈 준비가 된 것 같군요. 당신이 더 많이 알아차리면 알아차릴수록 치유가 훨씬 빨리 일어날 거예요. 왜 냐하면 '알아차리기'는 우리로 하여금 사태를 다르게 보도록 도와주기 때문이랍니다."

로즈가 설명을 하면서 곁눈질로 나를 슬쩍 바라보았다. 그 다음 계속해서 말을 이어 나갔다. "뭔가를 알아차리게 되면 두 려워할 이유가 줄어든답니다. 우리들은 대부분 우리 너머에 있 는 뭔가를 볼 때 벽에 뚫린 작은 구멍을 통해서 바라본답니다. 제한된 시야 바깥에 있는 모든 것은 당신을 불편하게 만들지 요. 왜냐하면 그것이 뭔지를 잘 모르는데다가 친숙하지 않기 때문이죠. 약간 두렵기도 하고요. '알아차리기'는 시야를 확장 해 그런 두려움이 사라지도록 도와줍니다."

전날 밤의 일을 그녀가 알고 있는 것인지는 확신할 수 없었 다. 그렇다고 곧바로 그 이야기를 털어놓을 생각은 없었다. 대신 에 이렇게 질문했다.

"그렇다면 더 잘 알아차리기 위해서 내가 해야 할 일이 무엇 인지 알려주세요."

"음, 한 가지 해야 할 일은 당신 아버지와의 관계를 들여다보 는 것입니다."

듣고 싶은 답이 아니었다. 솔직히 말해서 나는 아버지에 관 해서는 모든 것을 그냥 잊어버리고 싶었다.

"당신의 몸속에는 아버지에 대한 두려움이 여전히 아주 많이 들어 있습니다. 아버지를 생각할 때면 자주 떠오르는 특별한 사건이 있지 않나요?"

잠시 생각해 보았다. 그리고 약간은 씁쓸해진 마음으로 대답했다.

"네, 있어요. 아버지가 나를 '새대가리'라고 불렀던 때의 일이랍니다."

"그 이야기를 해 보세요."

별로 즐거운 기억은 아니었기 때문에 나는 마지못해서 그녀의 말을 따랐다.

"열두 살 정도 되었을 때였어요."

그녀에게 이야기를 하기 시작했다.

그때 아버지는 남동생과 나를 데리고 할머니 소유의 건물에 세 들어 사는 사람들을 만나러 가는 중이었다. 나는 아버지와 함께 앞자리에 앉아 있었고, 동생은 뒷자리에 앉아 있었다. 우리가 탄 차는 1955년에 나온 푸른색 포드 갤럭시 자동차였는데, 이 차는 아버지의 자랑이자 기쁨이었다. 차를 몰고 할머니 집 쪽으로 간 아버지는 검은색 봉고 트럭 뒤에 우리 차를 세워 놓았다. 이미 술에 취해 있었던 아버지는 비틀거리며 차 밖으로 나갔다. 우리더러는 그대로 앉아 있으라고 명령했다.

그가 할머니 집 쪽으로 걸어가기 시작했을 때 봉고 트럭 운전사가 우리 자동차 쪽으로 곧바로 후진하기 시작했다. 그 운전사는 자기 차 뒤에 우리 차가 세워진 것을 보지 못한 것 같았다. 앞에 앉은 나는 곧 다가올 무시무시한 충돌을 기다리면서 꼼짝없이 얼어붙어 있었다.

그 다음에 일어난 상황들은 실제로는 순식간에 일어난 일이다. 그렇지만 내 마음속에서는 아주 천천히 일어난 상황으로 기억되었다. 꼭 슬로 모션으로 돌리는 비디오 화면처럼 그 상황들을 기억했다는 뜻이다. 엔진 시동 소리를 들은 아버지가 휙 뒤돌아보았고, 후진하고 있는 트럭과 그 부주의한 운전사를 바라보았다. 그런 다음 아버지는 나를 보았다. 그의 얼굴에 분노가 떠오르는 게 보였다. 아버지는 황급히 우리 차 쪽으로 돌진해 와서 차 문을 급하게 열어젖혔다. 그러고는 미친 듯이 경적을 울려 댔다. 경적 소리를 들은 봉고 트럭 운전사가 급하게 브레이크를 밟았다. 그렇게 해서 트럭은 간신히 우리 차와 충돌을 피할 수 있었다.

어쨌든 재난은 피할 수 있게 된 것이다. 아버지가 나를 향해 휙 돌아섰다. 나는 최악의 일이 벌어질 것이라고 생각했다. 그래서 아버지가 휘둘러 댈 팔로부터 내 머리를 보호하려고 머리를 잔뜩 수그렸다. 격노한 아버지가 소리를 질러 댔다.

"대체 뭔 일이냐, 엉? 저 차를 못 봤단 말이냐? 왜 경적을 누르지 않은 거지? 대답해 봐! 내가 지금 묻고 있는 게 안 들려? 너 같은 놈은, 빌어먹을 새대가리일 뿐이야!"

어렸을 적부터 아버지는 나를 자주 '멍청이', '바보'와 같은 말로 부르곤 했지만, 그때부터는 "새대가리"가 내 별명이 되었다. 그는 그 별명으로 끊임없이 나를 조롱해 댔다. 지금 아버지는 돌아가셨지만, 그 별명은 여전히 내 머릿속을 맴돌고 있다. 그런 이유 때문에 나는 어릴 때부터 언제나 이런 생각을 해야 했다. 내가 똑똑하고 유능한 사람이라는 것을 증명해야 한다고. 간단히 말해서, 내가 "새대가리"가 아니란 사실을 증명해야만 했던 것이다.

이야기를 끝마치면서 나는 로즈에게 이렇게 말했다.

"자기 아버지에 대한 기억치고는 별로 좋은 기억은 아니죠. 그렇죠?"

"그렇군요. 하지만 우리의 목적을 위해서는 아주 괜찮은 이야기입니다. 어린 시절에 당신이 느꼈던 두려움과 고통은 부수적으로 일어났던 사건이었습니다. 앞으로 며칠 동안은 그 사건을 계속 살펴보고, 그것에 대한 '알아차리기'를 확장할 수 있는지 알아보면 좋겠습니다. 이전보다 훨씬 확장된 시야로 그것을 제대로 바라볼 수 있는지 알아본다는 뜻입니다."

나는 그러겠다고 했지만 그다지 낙관적이지는 않았다. 대체 그 사건에서 뭘 더 알아차려야 하는지 알 수가 없었기 때문이다. 게다가 그 일은 생각조차 하기 싫었다.

물리치료를 포함해서 치유 과정을 좀 더 진행하고 난 뒤 저녁 식사를 할 때였다. 그때는 아버지에 대한 생각을 계속하기가 힘들었다. 좀 더 강하게 내 생각을 사로잡는 사건이 떠올랐기 때문이다. 전날 밤 야생 동물의 저녁거리가 될지도 모른다는 생각에 두려움에 떨었던 일 말이다. 물론 어제는 무사히 지나갔지만 여전히 그 동물과 또 다른 밤을 보내야 하는 상황이었다. 이 오두막에는 잠글 수 있는 문도 없었다. 결국 레이에게 그것에 대해서 물어보았다.

"저기, 레이. 여기 밖에 위험한 동물들이 있습니까?"

"무슨 말이죠, 게리?"

"그러니까 지난밤에 무슨 소리를 들었거든요. 아주 크고 거칠고 요란한 소리를 내더군요."

"어떻게 말이죠?"

나는 동물 소리를 흉내 내는 데는 젬병이었지만, 서툴게 몇 번 소리를 낸 뒤에 그 짐승 소리와 대략 비슷한 소리를 내 볼 수 있었다.

"그러니까 이런 식으로요?"

레이가 그 동물과 똑같이 귀에 거슬리는, 쿡쿡거리는 소리를 지르면서 물었다.

"맞아요. 바로 그겁니다! 내가 걱정해야 할 필요가 없는 걸까요? 내 말은 오두막에 문을 달거나, 다른 조치를 취해야 하지 않을까 싶어서요."

"아뇨, 걱정할 필요 없어요. 그 동물은 너무 커서 당신을 방해하지 않을 겁니다."

레이는 쾌활하게 대답했지만, 나에게는 아무런 위안이 되지 않았다. 막 반박을 하려고 하는데, 레이가 일어나서 저녁 식사를 가져오겠다고 말했다. 나는 혼자 남아서 밖에 있는 그 짐승과 어떻게 밤을 보내야 할지를 생각했다.

레이가 저녁 식사가 담긴 그릇을 들고 돌아왔을 때, 그의 어깨에는 커다란 갈색 새 한 마리가 앉아 있었다.

"어깨 위에 앉아 있는 당신 친구는 누군가요?"

"아, 곧 알게 될 겁니다."

그가 그 새에 대해 더는 말해 주지 않았기 때문에 우리는 다른 이야기를 하며 저녁을 먹었다.

그런 뒤에 레이가 말했다. "피곤해 보이는군요, 친구. 잘 자라는 인사를 해야겠어요." 그는 내 등을 두드린 다음에 오두막을 떠났다. 어깨에 앉아 있는 갈색 새를 데리고서 말이다.

"알게 될 겁니다." 나를 안심시키려는 듯 이 말을 남기고 레이는 어둠 속으로 사라졌다.

잘 준비를 했다. 배낭을 베고 누워서 잠들려고 애를 쓰고 있는데 갑자기 창문 바로 밖에서 그 커다란 짐승이 으르렁거리는 끔찍하고 귀에 거슬리는 소리가 들려왔다. 레이가 말한 그 동물 같았다. 소리가 너무 가까이 들려서 금방이라도 쳐들어올 기세였다. 나는 소리를 질렀다.

"레이! 레이! 누구 없어요? 좀 도와줘요!"

바로 그 순간 창문 밖에서 레이가 머리를 들이밀었고, 놀란 나를 본 그는 깔깔 웃어댔다.

"빌어먹을, 뭐하는 거예요?"

나는 화를 냈지만, 그는 그저 웃으면서 오두막 안으로 들어왔다. 그 새는 여전히 그의 어깨에 앉아 있었다.

"내 친구와 인사하세요."

"그러니까 저 새가 그 무시무시한 소리를 냈다는 겁니까?"

완전히 바보가 된 기분이었다. 한편으로는 안심이 되면서 기운이 빠졌다.

"네, 그 소리는 이 험상궂은 웃는물총새kookaburra가 내는 소리예요. 이 새는 매우 큰 부리를 가졌지만 물지는 않아요. 꼭 어떤 사람과 똑같죠."

그가 빙긋 미소를 지은 다음에 그 새를 데리고 오두막을 나 갔다. 침대에 편안히 눕자 웃음이 터져 나왔다. 그런 다음에 아 버지를 생각했다. 갑자기 로즈가 말했던, 그 벽에 뚫린 구멍이 커진 게 느껴졌다. 사실 아버지는 키가 고작 162센티미터 정도 밖에 안 되는 작은 사람이었다. 그런데도 불구하고 아버지는 온 가족을 두려움에 떨게 했다. 형제들은 모두 키가 180센티미터 가 넘는 장신이었는데도 말이다. 우리는 그저 두려움 때문에 아 버지에게 맞서지 못했던 것이다.

순식간에 아버지에 대한 오래된 두려움이 눈 녹듯이 사라 지기 시작했다. 아버지가 가진 힘은 단지 환영일 뿐이었다. 마 음만 먹으면 언제든지 거기서 걸어 나올 수 있었다. 이제는 알 것 같았다. 아버지로부터 나를 안전하게 지켜 주었던 그 벽들이 나를 주변 사람들과 멀어지게 했다는 것을 말이다.

침대에 누워 내가 과연 그 벽들을 허물어 버릴 수 있을지 생 각해 보았다. 결국 웃는물총새였을 뿐, 밖에는 아무도 없었던 것이다. 이 깨달음만으로도 오늘은 충분한 듯했다.

# 5장

# 세 번째 열쇠 :
# 받아들이기

다음 날에는 아침 일찍 일어났다. 새벽빛을 보고 싶었고, 더워지기 전에 조금이라도 시원함을 즐기고 싶어 휠체어를 타고 밖으로 나갔다. 두 명의 여자가 나무로 된 긴 빨대 같은 것을 들고 지나가고 있었다. 그 빨대는 지하수를 끌어올리는 데 쓰이는 도구라고 했다. 나는 고개를 끄덕이며 인사를 건넸다. 여전히 나는 그들 말을 전혀 몰랐지만 고갯짓으로 인사를 할 수는 있었다. 그들도 미소로 화답했다. 따스하고 인정 넘치는 그런 미소였다. 그날 치유 오두막에서 로즈를 만났을 때 나는 어젯밤 겪은 일을 이야기해 주었다. 어떤 존재 덕분에 '기꺼이 하려는 마음'과 '알아차리기'에 관해 좀 더 깊은 통찰을 얻을 수 있었다고. 그리고 그녀는 나에게 물었다.

"그런데 그가 누구인가요?"

"진짜 새대가리였답니다. 바로 웃는물총새였어요."

내가 빙긋 웃으며 대답했다. 로즈가 웃음을 터트렸다. 그러자 그녀의 눈 주위로 잔주름이 또렷이 드러났다. 하지만 어떻게 된 건지 그녀는 더 젊어 보였다.

"짐작하건대 레이가 소개해 주었군요?"

나도 즐거워하며 웃었다. 그런 뒤 처음 그 짐승의 울음소리를 들었을 때 느꼈던 공포와, 그 감정을 회피하려 애쓰는 대신 기꺼이 느끼려 했던 것에 대해서도 이야기해 주었다.

"두려움을 경험하겠다고 마음먹자 비로소 그 두려움을 놓아줄 수 있었습니다. 그러고는 신에게 모든 것을 맡겨 두고 편안하게 잠들었답니다."

"'기꺼이 하려는 마음'에 관한 아주 멋진 배움이네요, 게리. 그런데 '알아차리기'에 관해서는 어떤 배움을 얻었나요?"

"그 '짐승'이 큰 부리를 가진 웃는물총새라는 것을 알게 되었을 때, 나는 전보다 커진 구멍을 통해서 아버지를 볼 수 있었어요. 왜냐하면 그 순간에 어린 시절에 그렇게나 우리를 겁주었던 남자도 그저 불안정하고 심술궂은 꼬마 골목대장이었을 뿐이란 걸 볼 수 있었거든요."

로즈가 고개를 끄덕였다.

"게리, 아주 훌륭한 배움을 얻었군요. 치유의 기본 단계인 두 가지 중요 요소에 대해 정말로 분명히 알게 된 것 같네요. 다음 단계로 넘어가도 되겠어요. 그것은 '받아들이기'랍니다. 치유가 일어나기 전에 당신은 있는 그대로의 자신을 받아들일 필요가 있어요. 다발성 경화증과 다른 모든 것을요."

그녀는 '받아들이기'가 나를 자유롭게 해서 앞으로 나아가는 데 도움을 줄 것이라고 했다. 이에 대한 이해를 돕기 위해 그녀는 종이에 뭔가를 적은 뒤 탁자에 놓아두었다.

그녀가 종이를 가리키면서 말했다.

"자, 나는 이 종이에 뭔가를 적었어요. 그런데 그게 허접한 쓰레기 같은 것이라 버리고 싶다면 어떻게 해야 할까요? 당연히 먼저 종이를 집어 들어야겠죠. 그래야 비로소 그것을 쓰레기통에 버릴 수 있잖아요."

그녀는 종이를 집어 들어서 한쪽으로 던졌다. "이렇듯 우리가 뭔가를 집어 들고, 받아들였을 때라야만 그것을 던져 버릴 수 있는 거랍니다."

그녀가 명쾌하게 설명해 주었다.

"우리 모두는 자신과 관련해서 바라보기에 그리 즐겁지 않은 것들을 저마다 가지고 있어요. 하지만 그것들을 똑바로 보지 않는다면, 그리고 받아들이지 않는다면, 우리는 결코 치유될 수 없답니다. 오로지 완전히 그리고 무조건적으로 자기 자신을 받아들여야만 치유가 일어나기 때문입니다."

"내가 다발성 경화증을 온전히 받아들일 수 있을지 잘 모르겠네요. 내가 여기에 있는 이유는 병과 싸우고, 그것을 없애 버리려는 게 아닐까요?"

"아니랍니다. 당신은 그것을 받아들이기 위해서 여기에 있는 거예요. 그런 다음에는 그것을 떠나가게 할 거고요. '받아들이기'는 배우기 어려운 '교훈'이지요. 하지만 내 생각에 당신은 지금 스스로를 훨씬 더 많이 받아들이고 있는 것 같군요. 여기에 온 지 얼마되지 않았지만 이미 자신의 병을 많이 받아들이고 있답니다."

나는 생각해 보았다.

"아시다시피 당신이 맞는 것 같습니다. 사실 그 '새대가리' 덕분에 '받아들이기'라는 교훈에 대해서도 배운 것 같아요."

로즈가 즐겁게 웃었다.

"그 웃는물총새를 우리의 스텝으로 임명해야겠어요. 그 새가 '받아들이기'에 관해서 어떻게 가르쳐 주던가요?"

"음, 그러니까 그걸 인정하는 게 지금은 당혹스럽긴 해요. 어쨌든 창문 밖에서 으르렁거리는 소리를 들었을 때 나는 입구를 막으려고 휠체어를 그쪽으로 세게 밀었답니다."

"그렇게 하면 그 짐승을 오두막 안으로 못 들어오게 할 수 있다고 생각했나요?"

그녀가 살짝 미소를 지었다.

"적어도 좀 더 천천히 들어오게 할 수는 있다고 생각했죠."

그 기억을 떠올리던 내가 웃으면서 이유를 설명했다. 하여간 오늘 아침에는 그때의 내 어리석은 오만함과 휠체어 때문에 벌였던 악전고투에 대해 이야기하는 게 부끄럽지 않았다. 또 아주 이상스럽게 존중하는 표정으로 나를 지켜봤던 그 소년에 대해서도 이야기했다.

"그 소년이 나를 바라보던 모습을 떨쳐 버릴 수가 없어요. 아이의 눈에는 어떤 판단도 없었어요. 그저 평온한 받아들임뿐이었어요." 나는 눈을 감고 깊은 숨을 내쉬었다. "내 몸 상태를 본 사람들이 짓는 표정을 나는 잘 압니다. 보통은 동정이죠. 하지만 그 소년 같은 표정을 짓는 사람은 아무도 없었어요. 동정도, 어떤 판단도 없었지요. 그렇다고 아무것도 없었던 것은 아닙니다. 그저 받아들임이 있었어요."

로즈는 부드러운 미소를 지어 보이며 말했다.

"때로 아이들은 진실에 가장 가까이 있답니다. 아이의 눈에 담긴 받아들임을 알아본 것이 어쩌면 당신이 다발성 경화증을 받아들이는 일에 도움이 될지도 모르겠군요. 실제로 그것을 집어 들어야 결국에는 던져 버릴 수 있으니까요."

우리는 '받아들이기'와 관련된 이야기를 좀 더 나눈 뒤, 점심을 먹기 위해서 잠시 쉬었다. 점심은 과일 한 조각과 정체를 알 수 없는 곤충들이었는데, 나는 기꺼이 그것들을 아삭아삭

씹어 먹었다. 로즈가 좀 더 쉬고 싶은지 물었다.

"아닙니다. 당신이 계속하겠다면 저도 그러고 싶습니다."

이렇게 말한 후 살짝 풍자를 띤 어조로 덧붙여 말했다.

"하루 종일 휠체어에 앉아 있는 일이 아주 피곤해할 정도의 일은 아니니까요."

그녀가 내 풍자에 즉각 반응하며 대답했다.

"게리, 여기 있는 동안 당신이 배울 수 있는 가장 중요한 것들이 몇 가지 있어요. 그 중 하나는 이거예요. 원하지도 않았는데 일어나는 어떤 상황들은 우리를 힘들게 하기도 하지만, 우리에게 가르침을 주기도 한다는 사실이죠. 다발성 경화증에 걸린 일이 결코 즐거운 일이 아니란 것은 잘 압니다. 하지만 만일 이것을 당신이 배울 수 있는 최고의 교훈이라고 인정한다면, 그러니까 당신이란 사람을 변할 수 있게 해 주고 성장하고 발전할 수 있는 기회를 제공하는 교훈으로 인정한다면, 당신은 자신의 상황을 훨씬 쉽게 받아들일 수 있을 거예요."

나는 부끄럽지만 인정할 수 밖에 없었다.

"당신이 옳다는 걸 잘 압니다. 다만, 그 교훈이 무엇인지 알아내기가 아직은 어려운 것 같습니다."

"그렇다면 이렇게 생각해 봅시다."

그녀는 나를 찬찬히 응시했다. 미소를 짓지도 찡그리지도 않은 채 약간은 꿰뚫어 보는 시선이었다. 그 시선이 그리 불편하지는 않았다.

"게리, 그것이 당신에게 무얼 가르쳐 주었나요? 다발성 경화증을 앓게 된 것 말예요."

잠시 조용히 앉아서 곰곰이 생각해 보았다. 이 병을 앓기 전에 나는 아주 열심히 일에 몰두했다. 정부의 방위 프로젝트를 위한 초단파 복합물질을 고안해 내는 일이었다. 전도유망한 사업 파트너들을 주로 만났고, 수많은 회의와 미팅을 하며 바쁘게 살았다. 일을 하며 인간적인 것에 대해 생각해 본 적은 거의 없었다. 직접적이든 간접적이든 간에 수백만의 사람을 죽음으로 몰아갈 가능성이 있는 계획들을 구상하던 사람들, 회의실을 가득 채웠던 그 사람들에게는, 인간적인 것이 들어설 여지가 거의 없었기 때문이다. 조용한 목소리로 내가 말했다.

"그러니까 연민에 대해 많은 걸 배웠습니다. 만일 다발성 경화증을 앓지 않았더라면 나는 결코 삶의 속도를 늦추지 않았을 겁니다. 다른 사람들과 그들의 문제를 제대로 바라볼 수 없었을 테지요. 타인의 고통을 전혀 공감하지 못했을 겁니다."

"맞아요. 그것은 아주 중요한 교훈입니다. 우리가 삶 속으로 들어온 이유는 바로 그런 교훈들을 배우기 위해서랍니다. 우리가 한 사람의 온전한 인간으로 성장하도록 도와주고, 다른 사람을 도울 수 있도록 배움을 주는 그런 교훈 말입니다. 이 사실을 기억한다면 병을 받아들이는 데 큰 진전이 있을 겁니다."

"어린 시절의 경험과 다발성 경화증 그리고 삶의 여러 다양한 경험들을 통해 당신이 배우기로 예정되어 있는 것은, 선물 받은 재능의 실현과 관련이 있습니다. 지금 하나씩 해내고 있는 성장이 그것을 달성하기 위한 핵심 열쇠랍니다."

"선물 받은 재능이라고요? 재능이 실현되도록 한다니 무슨 뜻이죠?"

로즈가 무슨 말을 하는지 전혀 알 수가 없었다. 그녀는 그저 미소를 지으며 나중에 이해하게 될 거라고만 말했다. 그러고는 하던 말을 계속했다.

"게리, 문젯거리들만큼 좋은 기회는 없답니다. 뭔가를 배울 수 있는 유일한 기회들이니까요."

"그렇다면 어떻게 해야 '받아들이기'를 더 잘 해낼 수 있을까요? 나에게는 이게 정말로 쉽지가 않아요."

"'인정하기'를 실천해 보세요. 당신이 해 왔던 모든 것을 인정하기 위해 노력해 보세요. 그러다 보면 어느새 자존감을 회복하고 당신이 이룬 성취들을 감사하게 여길 겁니다. 성취한 것들의 목록을 만들어 볼 수도 있습니다. 인정하기를 배우게 되면 더는 다른 사람에게 인정을 구할 필요가 없어집니다. 스스로 칭찬하고 격려해 주는 법을 배우게 될 테니까요."

그녀는 말했다. 치유를 위해 호주에 와 있는 나 자신을 인정하고, 더 나아지기 위해 뭔가를 실천하는 일에서 받아들이기를 시작할 수 있을 거라고.

"휠체어에 앉아 신세 한탄만 하는 사람들이 생각보다 많습니다. 하지만 당신은 지금 병을 고치려고 뭔가를 하고 있잖아요. 자신이 하는 모든 일에 대해 스스로 칭찬하는 법을 배울 필요가 있답니다. 아이들을 훈육하는 가장 좋은 방법, 혹은 다른 사람들을 격려하는 가장 좋은 방법은 그들이 뭔가 올바른 일을 하게 한 다음 그것을 칭찬해 주는 것입니다. 그러니 올바른 일을 행하도록 노력하세요. 그런 다음 스스로를 칭찬해 주세요. 이 방법을 지금까지 살면서 잘해 왔던 것들에 적용해 보세요. 잘 되지 않았던 일보다 잘했던 일에 관심을 집중할 수 있도록 말입니다."

이렇게 말한 다음 로즈는 내 삶에 도움이 되었거나 어떤 식으로든 조력을 해 주었던 모든 사람을 인정하라고 했다. 이뿐만 아니라 부정적인 영향을 끼쳤던 사람들도 인정해 주라고 했다.

"당신을 아주 힘들게 했던 사람들이 있다면, 그들이야말로 중요한 뭔가를 가르칠 수 있는 사람이란 사실을 인정하도록 하세요. 그들에게 무엇을 배울 수 있을지 스스로에게 물어보세요. 그러는 편이 '이러저러해서 정말 고통스럽다.'라고 말하며 에너지를 낭비하는 것보다 훨씬 나으니까요. 두려움과 미움의 대상이 된 사람들도 가르침을 준다는 사실을 기억하세요. 그들의 부정적인 모습은 그렇게 되지 말아야겠다는 본보기를 분명히 보여 주니까요."

"그렇다면 부정적인 역할 모델을 하는 사람들도 인정할 수 있다는 말입니까?"

"네, 하지만 그것들로부터 조금 떨어져서 초연한 상태를 유지해야겠지요."

그녀는 살짝 미소지으며 말했다. 덧붙여 '받아들이기'를 더 잘 해내기 위한 또 다른 방법으로 감사하는 마음을 연습하라고 했다.

"이 연습에는 두 가지 부분이 있어요. 첫 번째는 당신 삶의 모든 좋은 것에 지금 당장 감사하는 것입니다. 두 번째는 부정적으로 보이는 것들도 때로는 굉장히 긍정적인 에너지로 변환될 수 있음을 이해하는 것입니다."

"그러니까 내가 좋은 것과 나쁜 것 모두에게 감사해야 한다는 뜻인가요?"

"그래요. 당신 삶에 다가온 모든 것에 감사의 마음을 느낀다면, 계속해서 긍정적인 상태로 삶을 살아가게 될 거예요."

"그렇다면 어떻게 해야 내가 다발성 경화증에 감사하는 마음을 가질 수 있을까요?"

"먼저 몸에게 감사하는 일에서 시작할 수 있을 거예요. 당신 몸에 일어난 일이 무엇이든 간에 말입니다. 어느 순간 다리에 문제가 생겼다고 가정해 봅시다. 그럴 때 시간을 갖고서 당신이 그걸 어떻게 느끼는지를 알아차려 보세요. 그런 다음에 당신 몸에게 아프게 해 주어서 고맙다고 감사의 마음을 보내 보세요."

"몸에 문제가 있다는 것은, 실제로는 몸이 당신에게 메시지를 보내는 거랍니다. 행동을 바꾸어야 한다는 메시지죠. 친한 친구가 훌륭한 충고를 해 주면 당연히 그 친구에게 감사해야 하잖아요? 마찬가지로 당신의 몸 역시 당신의 가장 좋은 친구랍니다. 그러니 몸이 메시지를 보내 주는 것에 감사해야 합니다. 그리고 그렇게 했을 때 당신은 몸 안에서 일어나는 의식의 변화를 느낄 수 있을 겁니다."

로즈는 잠시 내 몸이 보내는 신호에 주의를 기울여 보라고 말했다. 그런 다음 이렇게 말했다.

"이제 눈을 감고 '몸에게 고맙다.'라고 말해 보세요. 그리고 당신이 어떻게 달라졌는지를 알아차려 보세요."

로즈가 지시한 대로 나는 두 다리에서 느껴지는 불편함에 주의를 기울였다. 그리고 내 몸에게 감사하다고 말했다. 놀랍게도 기분이 한결 평온해졌다.

"정말로 아주 편안하게 긴장이 풀리네요."

"그래요. 이렇게 하면 실제로 위안이 된답니다. 몸에게 감사를 더 많이 표현하면 할수록 좋은 느낌을 더 많이 받게 될 거예요. 당신의 세포들은 새롭고 긍정적인 신념들과 에너지를 받아들여서 당신이 온전한 존재가 되도록 도와줄 것입니다. 그러니 계속해서 당신 몸에 주의를 기울이고 감사를 표하세요."

"만일 몸의 어딘가가 아프면 그 느낌이 어떠한지를 알아차리고 몸에게 감사를 표하세요. 그런 뒤 숨을 깊게 쉬고 그것이 떠나가게 해 보세요. 그런 다음에도 계속 다시 알아차리고, 감사하다고 말하세요. 이 일을 아픔이 가라앉을 때까지 계속해 보세요. 정말로 좋아질 때까지요."

로즈가 이야기하는 동안 나는 숨을 들이쉬고 내쉬면서 마음속으로 몸에게 계속 감사를 표했다. 그럼에도 불구하고 떨리듯 무지근하게 느껴지는 왼발의 아픔은 여전했다.

"만약 아픔이 사라지지 않으면 어떻게 합니까?"

"발이 여전히 아프군요. 아마도 내가 제대로 하고 있지 않은가 봅니다."

"아픔이 계속 나아지지 않으면 스스로에게 물어야 합니다.

'다리야, 내가 무얼 해야만 할까? 휠체어에 갇혀 있는 너를 돕기 위해서 내가 무엇을 해야 할까?' 마치 대답을 해 달라는 듯이 물어보는 거죠. 물론 곧바로 답을 얻지 못할 수도 있습니다. 하지만 언젠가는 답을 꼭 얻을 거예요. 이것이 바로 아인슈타인이 자신의 멋진 아이디어들을 얻게 된 방법이랍니다. 그는 그저 질문을 했고, 마침내 답이 그에게로 왔던 것입니다. 그 메시지를 전달한 힘을 에너지라고 부르든 아니든 간에, 그건 중요한 게 아닙니다. 중요한 것은 메시지에 귀를 기울이는 것입니다."

로즈는 '받아들이기'를 위한 마지막 열쇠는 인내심이라고 했다. 그녀가 물었다.

"게리, '꾸물거리다lag'란 단어가 무슨 뜻인지 아시죠?"

"'뒤에서 느릿느릿 꾸물거리다to be lagging behind something'라는 표현이 있지요."

"네, 맞아요. 그런데 저는 그 단어를 약간 다른 의미로 사용한답니다. 당신 같은 경우에 '꾸물거리는 일'은 첫 번째 지점과 두 번째 지점 사이의 거리를 의미합니다. 지금까지 당신이 해온 것과, 지금부터 향해 갈 곳 사이에 있는 중간 지대를 말하는 것이지요. 즉 '꾸물거리는 일'은 당신이 이루고 싶은 무엇인가를 표현하고 있답니다."

"그런데 바로 이 중간 지대에서 인내심이 생겨난답니다. 당신은 목표를 이루는 데 얼마나 오랜 시간이 걸릴지 알지 못합니다. 그러므로 인내심을 가져야만 합니다. 원하는 결과가 이루어지려면 시간이 걸릴 수도 있으니까요."

저녁에 나는 레이와 함께 앉아서 그날 배운 것들에 대해 이야기를 나누었다. 나는 그에게 지난번에 휠체어가 있는 곳까지 기어갔던 일을 거의 이야기할 뻔했지만, 그러지 않는 게 좋겠다고 생각했다.

활짝 트여 있는 오두막에서 약간 시원해진 밤공기를 즐기고 있는데, 두 명의 부족 사람이 우리가 있는 오두막 입구를 지나갔다. 그들은 둘 다 피부가 아주 검었고, 허리 아래에 두른 천 조각 말고는 아무것도 입고 있지 않았다. 넓적하게 벌어지고, 울퉁불퉁하게 굳은살이 박힌 그들의 발에는 오지의 붉은 흙이 잔뜩 묻어 있었다. 놀랍게도 그들이 나에게 고개를 숙여서 절을 했다. 한 사람은 내가 잘 알아들을 수 없는 '피진pidgin' 영어로 뭔가를 중얼거렸다. 그들은 다시 한번 절을 하더니 그 자리를 떠났다.

깜짝 놀란 내가 레이에게 물었다.

"무슨 일이에요? 왜 저 사람들이 내게 절을 한 거죠? 저 사람이 뭐라고 했어요?"

"당신에게 경의를 표하러 왔다고 말하더군요."

나에게 경의를 표한다고? 이상한 일처럼 느껴졌다.

"이 병든 사람에게 경의를 표한다는 게 무슨 말입니까? 나야말로 영광으로 생각하고 있어요. 내가 이런 곳에 머물 기회를 갖게 되리라곤 정말이지 상상도 하지 못했거든요. 하루에 열 시간 가까이 자신의 온전한 관심을 나에게 쏟아 주는 치유사와 함께 있을 기회를 허락해 준 것 말입니다."

"그들이 경의를 표한 것은 '빅가이', 즉 당신 안에 존재하는 신에 대해서랍니다." 레이가 조용하게 말해 주었다. "그들은 알고 있어요. 당신이 여기에 온 것이 신의 의지라는 사실을 말입니다. 우리는 당신이 올 것이란 사실을 한참 전부터 알고 있었거든요."

며칠 전에 로즈가 말했던 "우리는 몇 달 동안이나 당신을 기다렸어요."란 말이 기억났다. 나는 솔직하게 고백했다.

"무슨 말을 하는지 잘 이해가 안 돼요. 내가 여기 올 거란 사실을 나조차도 몇 달 전에는 전혀 몰랐어요. 그런데 당신과 로즈, 마을 사람 모두가 내가 알기도 전에 어떻게 그 사실을 알 수 있었다는 거죠?"

"우리는 당신이 이곳에 올 것이란 이야기를 들었습니다, 게리. 이 우주에서 일어나는 모든 일은 어떤 식으로든 연결되어 있습니다. 당신이 한 번도 상상해 본 적이 없는 방식으로 말입니다. 지금 내가 말해 줄 수 있는 건, 당신이 여기에 온 것은 치유 너머에 어떤 목적이 있기 때문이라는 겁니다. 당신은 재능을 가지고 태어났어요. 그리고 여기로 왔습니다. 우리가 당신의 운명을 완성할 수 있도록 도와줄 수 있으니까요."

레이는 이렇게 말을 하면서 열심히 내 눈을 바라보았는데, 아주 진지했다. 선물 받은 재능. 오늘 로즈에게 들었던 그 말이 다시 나왔다.

"어떤 재능이 나 같은 사람에게 주어질 수 있는 걸까요?"

나는 믿을 수 없어 하며 다시 물었다. 지금까지 나는 가까운 사람들을 슬프게 하고, 좌절시키고, 화나게만 한 것 같았다. 내 예전 아내들, 아이들, 어머니, 형제들을 말이다.

"우리 모두에게는 선물 받은 재능이 있답니다, 게리."

레이는 평소와 달리 부드럽게 대답했다.

"신은 아무짝에도 쓸모없는 사람은 만들지 않습니다. 우리는 모두 완성해야 할 나름의 운명을 갖고 태어납니다. 우주가 그 여정을 도와주고요. 당신이 받은 재능은 타인을 치유하는 재능입니다."

레이가 잘못 알고 있는 게 분명했다. 나는 되받아쳤다.

"뭐라고요? 어쨌거나 내가 치유하는 재능을 조금이라도 갖고 있다면, 왜 나는 스스로를 치유할 수 없단 말입니까? 왜 나는 이렇게 아파야 하는 거죠?"

레이는 자신의 논점을 말하려고 내 쪽으로 몸을 기울였다. 그리고 내 눈을 똑바로 바라보며 설명했다.

"왜냐하면 걷는 법을 배우기 전에 기는 법을 배울 필요가 있으니까요. '빅가이'는 당신이 그것을 이해해야 한다고 여겼던 것입니다."

레이의 말에 어찌나 놀랐던지, 나는 아무 반박도 할 수가 없었다. 나는 확신했다. 어떤 식인지는 모르겠지만 어쨌든 레이는 지난번 내가 휠체어를 타기 위해 땅을 기었던 사건을 알고 있다고 말이다.

잠시 후에 레이는 잘 자라는 인사를 남기고 오두막을 나갔다. 잠 잘 준비를 한 나는 그날 있었던 일들을 깊이 생각해 보았다. 여러 생각들이 머릿속에서 소용돌이치듯 맴돌았다. '받아들이기'는 배우기가 참으로 어려운 교훈이었다. 하지만 잘 해내기만 하면 보상이 가장 큰 교훈 중의 하나일 터였다.

다발성 경화증이 나에게 귀중한 교훈을 주었다는 사실을 내가 받아들일 수 있을까? 이런 식으로 내게 다가온 모든 것에 대해 감사할 수가 있을까? 인내심을 가질 수 있을까? 내가 선택한 시간표에 따라 치유가 일어나지 않을 수 있다는 사실을 내가 받아들일 수 있을까?

이것은 아주 고되고 의기소침해지는 과업 같았다. 과연 내가 그걸 해낼 수 있을지 알 수가 없었다. 내가 아는 것이라고는 지금 배워야 할 것들을 배우면서 이곳에 있다는 사실뿐이었다. 그 사실을 내가 아주 감사해하고 있다는 것도. 감정적인 부분에서 보자면 나는 이제야 겨우 기어 다니고 있는 셈이다. 하지만 걷기를 배우려면 먼저 기어야 하는 법이다. 지금은 이걸로 충분하다는 생각이 들었다.

6장

# 네 번째 열쇠 :
# 힘 부여하기

다음 날, 사냥을 나갔던 남자들 몇 명이 자신들이 잡은 새 몇 마리를 가지고 돌아왔다. 이 일은 또 다른 저녁 잔치를 위한 기회가 될 터였다. 이전보다 마을 사람들이 훨씬 편해졌기 때문에 나는 휠체어를 굴려서 모임을 준비하는 사람들 사이로 들어갔다. 이번 잔치에서는 일종의 진흙 그림을 그릴 요량인지 그들은 하얀색 진흙을 물과 섞고 있었다. 몇몇의 아이와 남자는 서로의 몸에다가 여러 가지 선, 점, 별 들로 이루어진 정교한 도안을 그려 주고 있었다.

"레이." 마침 레이가 근처를 지나가고 있길래 내가 손짓해서 불렀다. "저 도안들은 무슨 의미입니까?"

레이는 위를 쳐다보면서 공중에 대고 말했다. "저자가 노상 물어 대고 있는 이 모든 질문을 보세요! 우리가 저런 사람과 뭘 해야 하는 걸까요?"

이제는 그가 가끔씩 혼잣말을 하는 일에 익숙해지고 있던 참이었다. 이를 무시한 채 다시 물었다.

"정말이에요, 레이. 이 사람들에게 좀 물어봐 주세요."

그가 머리를 좌우로 흔들면서 말했다.

"그럴 필요 없어요, 게리. 이것은 오늘 밤 우리가 부르게 될 노래와 추게 될 춤과 똑같은 것이니까요. 이 모두가 전부 감사의 표시들인 거죠. 우리에게 생명을 주신 것에 대해서, 필요한 모든 것을 주신 것에 대해서, 빅가이에게 커다란 감사를 표하는 거랍니다."

레이는 말을 마치면서 커다란 제스처를 취했다. 마을의 초라한 오두막들과 붉은 흙과 들쭉날쭉한 덤불들로 이루어진 쭉 뻗은 오지의 벌거벗은 땅을 모두 포함한다는 뜻이었다.

왠지 겸손해지는 것 같았다. 이 사람들이 풍요롭다고 여기는 것이 무엇인지를 깨달았기 때문이다. 서구인들의 관점에서 보자면 그것들은 사실 너무나 보잘것없는 것들이었다. 그런데도 그들에게는 축하할 일이 이렇게나 많은 것이다. 이 사실이 이제야 보이기 시작했다.

꼬마 여자아이 하나가 보디 페인팅을 구경하려고 달려와서는 내 휠체어에 기대었다. 그러고는 호기심 가득한 커다란 눈으로 나를 바라보았다. 아이가 그림을 그리고 있는 사람들 중 한 사람에게 뭐라고 말을 하자 그가 아이의 가슴에 하얀색 점 하나를 가볍게 그려 주었다.

문득 검은 피부에 반짝이는 커다란 눈을 한 그 아이가 굉장히 사랑스럽고 예쁘다는 생각이 들었다. 아이는 마치 내 생각을 알았다는 듯이 휙 돌아서더니 전에도 본 적이 있는 커다란 함박웃음을 얼굴 한가득 지어 보였다. 아이는 즐겁게 웃어 대며 폴짝폴짝 뛰었다. 그러고는 내 손가락 하나를 수줍게 꽉 쥔 다음에 깔깔거리며 뛰어갔다.

"아이가 '고맙습니다.'라고 말했어요."

레이가 통역해 주었다.

지금까지 나는 치유의 처음 세 가지 중요 요소를 이해하는 일에 어느 정도 진전을 보였다. '기꺼이 하려는 마음', '알아차리기', '받아들이기'에 관해서 말이다. 이제 '힘 부여하기'를 배울 준비가 된 것 같았다. 로즈는 이것 역시 아주 힘든 도전이 될 것이라고 말했다.

"'힘 부여하기'는 당신의 힘을 되찾아 오는 것을 말합니다. 스스로를 책임지는 것을 의미하죠."

로즈는 '힘 부여하기'에 대해 설명했다.

"사실 이 개념을 아주 잘 번역할 만한 영어 단어가 실제로는 없답니다. '힘 부여하기Empowerment'는 보통 누군가에게 힘을 주는 것을 뜻합니다. 그런데 '내 것이었던 힘power을 되찾는 일'을 뜻하는 단어가 영어에는 딱히 없습니다. 이 뜻과 가장 가까운 단어로는 '책임지는 일taking responsibility'이라는 말이 있지만, 이 표현은 의무와 책임을 내포하고 있지요. 그래서 우리는 '힘 부여하기'라는 단어를 사용할 것입니다. 이 개념이 본질적으로 뜻하는 바가 힘이기 때문입니다."

로즈는 우리가 환경과 상황을 탓하면서 다른 사람들을 비난할 때, 자신의 힘을 놓쳐 버리게 된다고 이해하기 쉽게 설명해 주었다. 그렇게 자신의 힘을 포기하게 되면 결국 자신의 에너지도 잃어버리게 된다고 했다.

"어느 누구도 당신의 에너지를 훔쳐 갈 수 없습니다. 남들이 당신의 에너지를 가져가도록 당신이 허락하는 것일 뿐입니다. 즉 당신이 허락하지 않는 한 어느 누구도 당신에게 무언가를 할 수 없다는 뜻입니다. 이 사실을 아는 것은 너무나 중요해요. 왜냐하면 아주 많은 사람이 끊임없이 자신의 힘을 포기하고 있기 때문입니다."

이것을 보여 주기 위해서 로즈는 나에게 근육 테스트를 해 본 적이 있는지 물어보았다. 나는 해 본 적이 없다고 답했다.

"좋아요. 그러면 몸에서 팔 하나를 쭉 펴 보세요. 나중에 내가 그 위에 내 손을 얹어서 당신 팔을 아래로 밀어 내릴 거예요. 이 실험은 당신 근육에 동물적인 강한 힘이 있고 없음을 테스트하는 것이 아니랍니다. 오히려 당신의 에너지를 테스트하는 것입니다."

"자, 내가 어떤 말을 한 직후에, '그대로 유지하세요.'라고 말할 거예요. 그러면 당신은 최선을 다해 어깨에서 팔이 처지지 않게 하는 거죠. 그 말이 실제로 당신 안에서 작동한다면, 당신의 팔은 그대로 있을 겁니다. 하지만 아무런 효과가 없다면, 내가 당신의 팔을 아래로 밀어 내릴 때 자동으로 팔이 처질 거예요. 심지어 내가 손가락 하나로만 눌러도 말이죠."

로즈는 설명을 계속했다.

"지금 나는 당신의 의식이 아닌 잠재의식에게 말을 걸고 있는 거예요. 이 잠재의식은 당신의 몸과 소통하고 있고, 거짓말을 하지 않는답니다. 나는 당신에게 어떤 질문이든 할 수 있어요. 그러면 당신의 몸은 내가 알고 싶은 모든 것을 이야기해 줄 것입니다."

지시대로 팔을 뻗은 나는 로즈가 팔을 눌러도 아래로 처지지 않고 그대로 유지했다.

"바로 그거예요. 그러는 동안 숨을 계속 쉬는 것을 잊지 마세요. 왜냐하면 숨을 참게 되면 당신은 나에게 대항하려고 동물적인 근육 힘을 사용하게 될 테니까요. 좋아요, 이렇게 말해 보세요. 내 이름은 게리이다."

"내 이름은 게리이다."라고 내가 말하자 그녀가 내 팔을 눌렀다. 팔은 그대로 있었다.

"보셨죠? 당신이 그 말을 했을 때 당신 팔은 굳건히 그대로 있었어요. 왜냐하면 그것이 당신 이름이기 때문이죠. 이제는 이렇게 말해 보세요. 내 이름은 빌이다. 그리고 팔을 그대로 유지하세요."

내가 말했다. "내 이름은 빌이다." 그러자 놀랍게도 나는 팔을 그대로 유지할 수가 없었다. 그대로 유지해 보려고 힘을 썼는데도 팔이 버티지 못하고 아래로 처진 것이다.

"당신 팔이 포기한 겁니다. 왜냐하면 그것이 당신 이름이 아니라는 사실을 스스로가 알기 때문이죠."

우리는 이 기법을 여러 번 실험해 보았다. 여러 가지 참인 진술과 거짓인 진술을 섞어서 말이다. 그 결과는 항상 앞에서와 같았다. 나는 웃기 시작했다.

"이것이 작동하는 방식이 아주 마음에 들어요."

내가 감탄하며 말했다.

"두어 가지 질문을 더 해 볼 게요. 어떻게 우리가 에너지를 포기하는 방식으로 말을 하고 있는지 보여 주기 위해서랍니다. 이렇게 말해 보세요. 제가 사과하겠습니다 apologize. 그리고 팔을 그대로 유지하세요."

"제가 사과하겠습니다."

이렇게 말하면서 나는 팔을 앞으로 뻗었다. 로즈는 내 팔을 아래로 내리려고 했지만 팔은 움직이지 않고 그대로 있었다.

"보세요, 팔이 굳건하게 그대로 유지되고 있군요. 그럼 이제 이렇게 말해 보세요. 제가 미안합니다I'm sorry."

"제가 미안합니다."

이번에는 쉽게 팔이 내려갔다.

"당신 팔이 어떻게 포기를 하는지 보셨죠? 이것이 당신이 '미안합니다.'라고 말할 때 일어나는 일이랍니다. 그러니 이제부터는 항상 '제가 사과하겠습니다.'라고 말하는 게 좋겠죠."

그녀는 내게 다시 팔을 올려 보라고 말했다.

"이제는 이렇게 말해 보세요. 나는 최선을 다하고 있다I am doing my best. 그리고 팔을 그대로 유지하세요."

"나는 최선을 다하고 있다."

내가 따라 했다. 팔은 처지지 않고 굳건히 있었다.

"다시 강한 반응이군요. 그러면 이렇게 말해 보세요. 나는 애쓸 것이다I'll try."

"나는 애쓸 것이다."

내가 말했고, 그녀가 내 팔을 누르자 쉽게 팔이 처졌다.

"당신 팔이 이번에는 포기를 했네요. 이게 당신이 애쓰고 있을 때 일어나는 일입니다. 그러므로 항상 '나는 최선을 다하고 있다.'라고 말해야겠죠. 만일 당신이 사과를 하고 최선을 다하고 있다면, 당신은 멋지고, 긍정적이고, 강한 반응을 하고 있는 셈입니다. 사람들은 대개 '미안해요.', '애쓸게요.'라고 말합니다. 하지만 이 말들에는 부정적인 에너지가 들어 있어요. 왜냐하면 자신이 약하다는 점을 드러내 보이고 있기 때문이랍니다. 그 말은 심지어 자신의 존재가 유감스럽다는 메시지를 보내는 거랍니다. 스스로 자신의 힘을 포기하게 되는 거죠."

"당신의 말과 생각 안에 에너지가 담겨 있다는 사실을 기억하는 것이 중요합니다. 그러므로 말과 생각을 부주의하게 해서는 안 되겠지요. 오히려 긍정적인 목적에 맞게 말을 하고 생각을 해야 한답니다."

로즈의 말을 깊이 생각해 보니 그것이 진실이라는 사실을 깨달을 수 있었다. 내 몸은 내가 "나는 최선을 다하고 있다."라고 말했을 때와 "나는 애쓸 것이다."라고 말했을 때 완전히 다른 느낌을 받았던 것이다. 그토록 간단한 어휘상의 변화가 실제로 그런 차이를 만들어 낸다면, 정말이지 그 이야기를 좀 더 많이 듣고 싶었다.

로즈는 책임감을 이해하는 한 가지 방법은 세상에는 기본적으로 세 가지 부류의 사람이 있음을 아는 것이라고 말했다.

"첫 번째 부류는 '희생자'입니다. 이들은 이렇게 말하는 종류의 사람들입니다. 나를 불쌍히 여겨 줘요. 내 자신이 너무나 유감스러워요. 제발 나를 도와주세요. 나를 구출해 줘요. 나를 위해서 뭔가를 해 주세요."

그녀가 이 가련한 사람들의 목소리를 어찌나 우스꽝스럽게 흉내 내던지, 나는 웃음을 터트릴 수밖에 없었다.

"'구원자'는 두 번째 부류의 사람들입니다. 그들은 희생자들을 구원해 주는 사람들이죠! 사람들이 다른 이들을 구원하는 까닭에는 세 가지 이유가 있습니다. 첫 번째는 인정을 원하기 때문이죠. 두 번째는 칭찬, 즉 자기 등을 두드려 주길 원하기 때문입니다. 이 두 가지 이유는 그들을 기분 좋게 만들어 주고 중요한 사람으로 만들어 줍니다. 하지만 구원자가 되는 세 번째 이유는 다른 사람들을 통제할 수 있기 때문입니다. 때로 이 통제가 분명히 보일 때도 있지만 어떤 때는 아주 미묘해서 잘 안 보이기도 합니다."

"하지만 구원자가 되는 일이 항상 나쁜 것인가요? 만일 그것이 그들을 기분 좋게 만들어 주고, 쓸모 있는 사람으로 만들어 주고, 또 어떤 이들을 도와준다면, 그게 어떻게 끔찍한 일이 될 수 있는 것일까요?"

"게리, 문제는 구원자들이 희생자들의 역할을 곧 당연하게 여긴다는 것입니다. 당신은 희생자들이 구원자의 개입에 고마워할 것이라고 생각하나요? 아니랍니다! 구원자들은 결국 배를 걷어차일 것입니다. 왜냐하면 늦든 빠르든 간에 희생자들은 자기들이 조종당하고 있다는 사실을 깨닫기 시작할 테니까요. 그러면 그들은 희생자 역할을 그만둘 것입니다. 그렇게 되면 희생자를 위해서 그토록 좋은 일을 했던 구원자는 상처를 받습니다. 희생자가 더는 구원되기를 원치 않기 때문이죠. 어떤 점에서는 구원자가 희생자가 될 수도 있습니다."

로즈는 세 번째 부류의 사람을 '주인master'이라고 이야기했다. 주인은 자기 스스로가 운명의 주인인 사람이라고 했다.

"'주인'은 일들이 일어나게 만드는 사람이랍니다."

"그렇다면 어떻게 해야 내가 '주인'이 될 수 있을까요?"

"희생자도 되지 말고, 구원자도 되지 않은 일을 통해서입니다." 그녀가 대답했다. "처음에는 방심하지 말고 깨어 있어야만 해요. 시간이 지나면 그것이 당신의 세계관으로 자리를 잡을 겁니다. 혹 부정적인 생각이라는 낡은 패턴으로 되돌아가게 되더라도, 또는 실수를 하게 되더라도 그것 때문에 힘든 시간을 보낼 필요는 없습니다. 그냥 그것을 인정하고 다시 앞으로 나아가면 됩니다. 만약 어떤 사실을 알아차리게 된다면, 그것을 바꿀 수 있답니다."

이 기법을 많이 연습하면 할수록 내가 더욱 긍정적인 방식으로 생각하고 믿게 될 것이라고 로즈가 덧붙였다. 긍정적이 된다는 것은 진실을 교묘하게 회피하거나 얼버무리는 것이 아니라고 했다.

"게리, 당신이 할 수 있는 가장 중요한 일은 항상 솔직하고, 스스로에게 진실한 사람이 되는 것이랍니다. 자기 자신에게 절대로 거짓말을 하지 마세요. 병에 걸린 적이 없다는 듯이, 혹은 당신 삶이 정말로 괜찮다는 듯이 아무렇지 않은 척하지 말라는 뜻입니다. 그것은 '받아들이지 않겠음'을 표현하는 또 하나의 형식이니까요."

"나는 부정하는 일을 너무나 잘하는 사람입니다. 두 번째 결혼을 한 다음 4개월 정도 되었을 때, 아내와 나는 우리가 잘해 나가고 있지 않다는 것을 알았습니다. 하지만 나는 그 문제와 관련해서 뭔가를 하기보다는 그냥 내버려 두는 쪽을 택했어요. 심지어 상담을 받으러 다니면서도 계속 이렇게 말했답니다. '그녀만 바뀐다면 모든 일이 다 잘 될 거야.'라고 말이죠."

"처음 다발성 경화증의 증세가 나타나기 시작했을 때도 그랬습니다. 서로 다른 두 병원에서 두 명의 의사가 내 병을 똑같이 진단했는데도 불구하고, 나는 여전히 그 사실을 믿고 싶지가 않았습니다. 스스로에게 이것은 단지 움츠러든 신경의 고통일 뿐이라고 계속 되뇌었으니까요."

로즈가 고개를 끄덕였다.

"많은 사람이 부정하기를 연습하고 있답니다. 그것이 인간의 기본적인 생존 메커니즘이니까요. 똑바로 바라보기에는 너무 고통스럽기 때문에 우리는 흔히 뭔가를 부정한답니다."

"당신은 감정 느끼기를 두려워하는 부류의 사람입니다. 이따금 감정적이 될 때면 당신은 이렇게 생각하겠죠. '오, 신이시여. 이것은 고통스럽습니다. 그저 즐거운 척, 모른 척하면 좋겠어요.' 이런 상황에 대한 올바른 응답은 바로 이렇습니다. '절대로 그럴 수 없어! 아무리 그러고 싶더라도 모른 척할 수 있는 방법은 없어.' 이렇게 생각한 다음에 부정적인 감정으로 다시 고통받게 된다면, 그것들을 인정하고, 다루어 내고, 소화하는 것이 올바른 방법이랍니다. 그러면 마음이 훨씬 나아지고 가벼워질 거예요."

로즈와 이 치유 과정을 마친 다음에 나는 많은 시간을 '힘 부여하기', 즉 인생을 책임지는 일에 대해 생각하며 보냈다. 어떻게 희생자도, 구원자도 아닌 '주인'이 될 것인지를 말이다. 원시적인 오지의 마을은 이를 골몰하기에 아주 좋은 환경이었다.

날이 갈수록 더욱 무더워지는 것 같았다. 그로 인해 육체적인 고통이 더욱 심해졌다. 무더위로 근육은 축 처졌으며, 감각을 조절하기가 더욱 어려워졌다. 몸 전체적으로 마비가 온 것이다. 그래서 한 번 움직일 때마다 노력을 기울여야 했다. 레이와 로즈는 나에게 육체적으로 힘을 쓰게 한다거나, 몸 훈련하기를 거의 요구하지 않았다. 그럼에도 불구하고 내가 지금 겪어 내고 있는 정서적인 변화와 영적인 변화, 그리고 개념의 변화들 때문에, 하루가 끝날 즈음에 나는 그야말로 녹초가 되곤 했다.

나는 며칠 동안이나 목욕을 하지 못한 상태였다. 몸에서 불쾌한 냄새가 났다. 신발에는 붉은 흙먼지가 덮여 있었다.

이것은 분명히 '나를 불쌍히 여겨 줘요.'라고 생각할 만한 상황이었다. 하지만 그 생각이 내 마음속에 떠오르자마자 '희생자'의 가련한 목소리를 흉내 내던 로즈의 음성이 들려왔다.

"나를 불쌍히 여겨 줘요. 내 자신이 너무나 유감스러워요. 제발 나를 도와주세요. 나를 위해서 뭔가를 해 주세요."

레이는 씻을 수 있는 곳을 보여준 적이 있었다. 그곳은 임시변통으로 간단한 샤워를 할 수 있게 만든 곳으로, 방수포에다가 물을 담아서 위에 매달아 놓은 곳이었다. 일단 그 밑에 들어가서 끈을 잡아당기면 잠깐 동안 물이 아래로 떨어지게 되는 구조였다. 하지만 그러기 위해서는 모든 사람이 다 바라보는 활짝 트인 바깥에서 옷을 벗어야 했다. 그런 다음 방수포 아래에 앉아서 몸에 비누칠을 하고 헹궈야 하는 것이다.

미칠 듯이 샤워를 하고 싶었지만 나는 마을 사람들이 다 보는 앞에서 벌거벗는 일이 너무나 두려웠다. 그러니까 몸을 질질 끌거나 휠체어를 타고 간 뒤 옷을 벗고, 몸을 씻으면서 구경거리가 되는 일에 대한 창피함이 너무 컸던 것이다. 씻고 나서는 또 모두가 쳐다보는 가운데 다시 옷을 입으려고 애쓰는 모습까지 보여야하지 않은가.

그런 수치심이 깨끗이 씻고 싶다는 욕망을 압도했다. 하지만 목욕은 정말로 하고 싶었다. 다른 원주민들이라면 이런 상황을 어떻게 다룰까? 나는 간단하게 사실을 말하고 필요한 것을 요청하기로 결정했다.

"저기, 레이."

그날 저녁에 내가 이야기를 꺼냈다.

"당신은 내가 저 샤워기 비슷한 것을 사용하지 않고 있다는 것을 아마 알아차렸겠죠?"

레이가 고개를 끄덕이며 말했다.

"나도 궁금하던 참이었어요, 친구."

"그게 말입니다, 사람들 앞에서 옷을 벗기가 너무 창피해서 그래요. 잘 움직일 수도 없는 몸을 질질 끌면서 씻어야 하는 것도 그렇고요. 혹시 내가 여기서 씻을 수 있도록 당신이 물 한 양동이와 목욕용 수건 한 장을 가져다줄 수 있을까요?"

레이는 친절한 눈으로 나를 쳐다보았다.

"아주 큰 진전을 했네요, 게리. 스스로 자신의 연약함을 인정하고 도움을 구하고 있으니까요. 금방 갔다 올게요."

조금 후에 레이는 한 양동이가 아닌 두 양동이의 물을 가져왔다. 몸을 문지를 수 있는 천 조각 두 개, 작은 비누 조각도 하나 가져왔다. 그는 이 모든 것을 테이블로 쓰고 있는 나무둥치 위에 조심스럽게 올려놓았다.

"여기 있어요, 친구. 한 동이는 씻는 데, 다른 한 동이는 헹구는 데 쓰세요. 내게 더 요청할 일이 없다면 내일 아침에 보도록 합시다."

"고맙습니다."

나는 안도의 숨을 내쉬면서 가슴 깊은 곳에서 우러나는 감사 인사를 했다.

나는 마을 사람들이 조용히 잠들 때까지 기다렸다. 그런 다음 달빛이 비추는 가운데 며칠 만에 처음으로 씻을 준비를 했다. 아무도 쳐다보지 않는 내 오두막 안에서 옷을 벗을 수 있게 되었을 때, 내가 어떤 기분이었는지는 정말로 표현하기가 어렵다. 고약한 냄새가 나는 땀에 찌든 몸에 비누칠을 하고, 그것을 헹궈 내고, 다시 깨끗해졌을 때의 그 기분은, 정말이지 너무나 시원하고 좋았다. 낮의 열기가 조금 남아 있는데도 아주 상쾌했다. 마치 새로 태어난 기분이었다.

마침내 나는 며칠 동안이나 벗지 않고 계속 신고 있던 신발을 벗어 버렸다. 남아 있는 물에다가 흙먼지와 모래가 잔뜩 낀 두 발을 담그고서 천 조각으로 닦아 내었다. 신발을 다시 신을까 고민했지만, 그냥 한두 주일 정도는 맨발로 지내보기로 했다. 그날 밤 나는 정말로 오랜만에 상쾌한 기분으로 잠을 잘 수 있었다.

다음 날 레이가 메추라기 알들을 아침 식사로 가져왔다. 그는 반짝이는 내 두 발을 내려다보더니, 싱글거리는 나를 보며 말했다.

"이 발들이 밖으로 나와서 빛을 본 게 대체 얼마 만인지 궁금하네요, 친구."

"오늘은 어떻게 해도 나를 놀려 먹지 못할 거예요, 레이."

나는 웃으면서 단언했다.

"기분이 너무나 좋아서 모든 것을 다 허용할 정도거든요. 게다가 당신은 내가 기어 다니는 법을 배웠다는 사실도 알잖아요. 이제 걸을 준비가 되었다는 것도요. 걷게 된다면 나는 발가락들 사이로 호주의 흙을 느껴 보고 싶거든요."

나는 내 발가락들도 동의한다는 사실을 보여 주려고 꿈틀거려 보았다. 비록 발가락들이 그리 신통한 반응을 보여 주지는 못했지만. 그래도 레이는 나와 함께 웃으면서 선언하듯 이렇게 말해주었다.

"그렇게 될 거요, 친구. 그렇게 될 겁니다."

**7장**

# 마지막 열쇠 :
# 집중하기

내가 '원주민 시간aboriginal time'에 적응하게 되면서 하루는 다른 날들로 자연스럽게 녹아들기 시작했다. 달력에 적힌 날짜를 따라가는 것이 그리 중요해 보이지 않았다는 뜻이다. 이런 식의 배움을 얻으면서 현재에 살기 시작하자 늘 서두르던 내 태도가 점차 사라지게 되었다.

오지에서의 날들이 일상으로 자리 잡기 시작했다. 낮에는 8시간에서 10시간 정도 로즈에게 치유를 받았는데, 영적인 배움과 물리적인 치유를 병행했다. 저녁에는 너무 피곤해서 곧바로 자야 할 정도가 아니라면, 레이와 그날 배웠던 것에 대해서 이야기를 나누었다. 마을 사람들 사이에 있는 것이 더는 부끄럽지 않게 되자, 가끔씩 휠체어를 타고 여럿이 모이는 장소로 가서 그들과 저녁 식사를 같이 하기도 했다.

대부분은 레이가 나무 그릇에 내 식사를 담아서 가져왔다. 고기 혹은 애벌레들이 들어 있을 때가 많았고, 어떤 때는 과일이나 채소가 같이 들어 있기도 했다. 음식은 손으로 집어 먹었고, 대부분은 조용히 먹곤 했다. 그 침묵이 딱히 불편하지는 않았다. 오히려 울림으로 가득 찬 어떤 것처럼 느껴졌다. 마을 사람들의 말 없는 의사소통과 일체감을 감지하게 되었기 때문이다. 이따금씩 누군가 내게 뭔가 큰 소리로 말을 하면, 레이가 나를 위해 통역을 해 주었다. 대부분은 내가 자기들과 함께 있게 된 것을 얼마나 환영하는지 모른다는 이야기들이었다. 그러면 나도 고개를 끄덕이면서 감사를 표하곤 했다.

어느 날 아침 로즈는 '치유의 다섯 가지 중요 요소' 중 마지막 요소를 다루게 될 것이라고 말했다. 그런 다음에야 더 깊은 치유를 위한 근본 원리에 다가갈 수 있다고 했다.

나는 조금 흥분이 되었고 약간은 자신이 있었다. 왜냐하면 마지막 중요 요소가 '집중하기'라는 것을 알고 있었기 때문이다. 나는 굳게 믿고 있었다. 그래도 내가 잘할 수 있는 게 있다면, 그것은 바로 '집중하기'라고 말이다. 물론 이는 굉장한 착각이었다. 나는 어떤 것에 강박적으로 집중할 수는 있었지만, 정작 치유를 위한 것들에는 거의 집중하지 못했던 것이다.

치유를 시작하면서 로즈는 자기 조카인 루크 이야기를 들려주었다.

"그는 고작 열여섯 살이랍니다. 하지만 몇 년 동안이나 카누 대회의 우승자였어요. 최근에 나는 골드코스트 해안가에서 그가 장거리 경기를 하는 모습을 보았답니다. 아주 흥미진진한 광경이었어요. 그는 시작 지점에서 카누를 타고 출발했어요. 하루 종일 노를 젓고, 잠을 자고, 다음 날에도 하루 종일 노를 저었어요. 생각해 보세요, 그가 탄 K1 카누는 굉장히 불안정해서 많은 사람들이 별로 사용하지 않는 건데, 그는 그것을 타고 그 일들을 해낸 거랍니다."

"그가 결승 지점에 왔을 때는 경쟁자보다 거의 5분이나 앞서 있었답니다. 그런데 루크는 풋내기 코치에게 훈련받은 아이였어요. 반면에 다른 선수들은 올림픽 출전 경력의 쟁쟁한 선수 코치에게서 훈련을 받아온 카누 선수들이었죠. 나는 조카에게 달려가서 꼭 껴안아 주었어요. 그리고 '루크, 챔피언이 되니 기분이 어떠니? 호주에서 최고의 카누 선수가 된 기분 말이야.'라고 물었죠. 보통 그 아이는 별로 말이 없는 아이인데, 그때도 다르지 않더군요. 그저 날 보면서 미소를 짓고는 '평상시와 같아요.'라고 대답했어요."

"불현듯 이것이야말로 인식의 진정한 힘이라는 생각이 들더군요. 내 조카는 이미 자신이 최고의 카누 선수임을 알고 있었던 겁니다. 이것은 전부 집중의 문제입니다. 거기에 '끌어당김의 법칙'이 작용한 거예요. 아주 간단히 말하면 무엇이든 당신이 관심을 집중하게 되면 그것을 끌어당기게 된다는 뜻입니다."

이 설명은 내가 생각했던 집중하기와는 아주 다른 관점 같았다. 나는 이 관점이 그리 편치가 않았다. 그 관점에서 보자면 내가 끌어당긴 것들은 다발성 경화증, 실패한 결혼 생활, 소원해진 아이들이니까 말이다. 내가 그동안 올바른 것들에 집중하지 않았음을 명백히 보여 주는 것 같았다. 하지만 앞으로 뭔가 다른 것을 끌어당길 수 있다는 점에는 관심이 갔다. 그래서 로즈의 말을 열심히 경청했다.

"병든 상태가 아닌 좋은 상태에 항상 관심을 집중해야 합니다." 로즈가 내게 말했다. "문제가 생기면 그걸 바라보고 받아들이세요. 하지만 그 문제에 머물러 있지는 마세요. 치유에 초점을 맞추세요. 치유에 초점을 맞춘다는 것은 원치 않는 것으로부터 눈을 돌려서 당신이 원하는 것에 관심을 옮겨 놓는다는 뜻이랍니다."

"당신은 현재 다발성 경화증을 앓고 있는 상황이지요. 또 그 상황을 변화시키고 싶어 하고, 정말로 '기꺼이 변화하기'로 결심했습니다. 당신은 이 상황을 '알아차리고', '받아들이고', '책임지려고' 합니다. 문제를 이런 식으로 바라보게 되면 그것을 어떻게 해결할 것인지, 그 해답이 무엇인지에 대해 관심을 '집중하기' 시작할 것입니다."

"그런데 이것은 집중의 방법을 배우는 문제가 아닙니다. 집중을 통제하는 것과 관련된 문제예요. 인간은 흔히 부정적인 것에 집중하고 몰두하는 경향이 있습니다. 가령 상대방과의 싸움, 좋아하지 않은 직업, 우리 삶에 일어난 어떤 끔찍한 상황들, 새로 생긴 주름이나 흰머리 같은 것들 말입니다."

"살면서 어떤 문젯거리에 대해서 그만 생각해 보려고 애쓴 적이 있지 않나요? 대부분의 사람에게 이 일은 불가능하답니다. 그들의 마음은 그 문제로 계속 돌아가서 테이프를 계속 돌리기 때문이죠. 우리는 머리에 박혀서 떼어 낼 수 없는 생각에 계속 관심을 쏟습니다. 그런 부정적인 일에 관심을 쏟으면 쏟을수록 더욱 더 그것을 끌어당기게 될 테고요. 이를 해결할 방법은 집중을 통제하는 법을 배우는 거랍니다. 즉 우리 삶으로 끌어당기고 싶은 것에 관심을 집중하고, 그렇지 않은 것에는 관심을 끊는 법을 배우는 것이랍니다. 다른 말로 하면 마음이 무엇에 관심을 집중하는지 의식할 필요가 있다는 뜻입니다."

덧붙여 로즈는 목표에 집중을 할 때 '바란다wish'와 '원한다want' 같은 단어들을 쓰지 않는 것이 중요하다고 설명했다.

"삶에서 뭔가를 변화시키고 싶다면 바라지도, 원하지도 말아야 합니다. 왜냐하면 당신이 그런 식으로 말한다면 아무 일도 일어나지 않기 때문입니다. 예를 하나 들어 볼게요. 가게에서 새로운 볼펜을 사는데 2달러가 필요해요. 마침 나에게는

2달러가 없는 상황입니다. 이때 내가 '저 볼펜을 가졌으면 좋겠는데 말이야I wish I had that pen.' 또는 '저 볼펜을 원하지만 저걸 살 돈이 없어I want that pen, but I can't afford it.'라고 말한다면, 이것은 부족함의 에너지를 보내는 셈입니다. 볼펜이 없다는 점에만 관심을 집중하고 있는 거죠. 그러면 돌아오는 것은 볼펜이 없다는 그 상황일 경우가 많답니다."

"하지만 만일 내가 이렇게 말한다면 어떨까요. '저 볼펜은 벌써 내 것이나 다름없고, 가게에서 나를 기다리고 있어. 아직은 내가 그걸 살 수 없을 따름이야.' 이 말은 훨씬 더 긍정적인 효과가 있습니다. 아직yet이란 단어는 바라는 바를 표현할 때 덧붙일 수 있는 아주 강력한 힘이 있는 단어입니다. 만일 당신이 '난 그걸 살 돈이 없어I can't afford it.'라고 말한다면, 그걸 가질 수 있는 기회의 문을 닫아 버리는 셈이 되어 버려요. 하지만 당신이 '나는 아직 그걸 갖지 못했지만, 내일 2달러를 가져오면 그걸 갖게 될 거야.'라고 말한다면, 상황이 잘 되어 갈 때 그걸 가질 수 있는 기회의 문을 열어 놓게 된답니다."

또 로즈는 목표를 세우는 데 가장 중요하게 고려해야 할 요소는 그것에 도달하게 될 시간을 생각해 보는 것이라고 했다.

"사람들은 목표를 세울 때 그것을 이룰 마감 시간을 잘 생각하지 않는답니다. 그렇게 되면 정작 우리가 이루는 것이라고는 목표를 미루어 두는 일뿐입니다. 그러므로 우리는 목표를 세우는 일에도 집중해야 하지만, 정해진 어떤 시간 안에 그것을 이루겠다는 점에도 초점을 맞추어야 합니다."

인간의 잠재의식은 지금 현재의 상황과 마음으로 그리거나 상상한 것 사이의 차이를 알지 못한다고 한다. 로즈는 이것을 이해하는 것이 매우 중요하다고 했다.

"만일 당신이 '나는 지금 볼펜을 가지고 있어.'라고 말한다면, 당신의 잠재의식은 정말 그렇다고 생각할 것입니다." 그녀가 설명했다. "당신이 '그것은 이미 내 것이야.'라고 말함으로써 에너지를 발휘한다면, 당신은 원하는 바를 얻을 수 있는 상황을 만들어 내는 것입니다. 그러면 우주가 이 에너지를 더욱 북돋아서 현실에서 그것이 가능한 상황들을 만들어 낼 것입니다. 그러므로 절대로 '원한다' 혹은 '바란다'라고 말하지 마세요. 당신은 그것이 현실로 이루어질 때까지 이미 그것이 이루어진 것처럼 행동해야 합니다."

나는 주저하며 물었다.

"알겠습니다. 그렇다면 이건 어떨까요? 나는 내가 좋아질 것임을 알고 있다."

"좋아요. 그것이 올바른 태도랍니다. 혹시 전구 하나를 갈아 끼우는 데 얼마나 많은 심리학자들이 필요한지에 관한 오래

된 농담을 아시나요?"

나는 미소를 지었다.

"네, 알고 있습니다. 답은 오직 한 사람만이 필요하지만, 그 전구가 정말로 갈아 끼워지길 바랄 때에만 그게 가능하다는 농담이지요."

"맞아요. 우리는 그 전구와 같은 존재들입니다, 게리. 소켓에 딱 달라붙은 채 변화하고 싶어 하지 않는 사람도 있을 것입니다. 그런 사람은 자신의 에너지를 잃어버리고, 자신은 물론 다른 사람들에게도 쓸모없는 존재가 되어 버린답니다. 하지만 변화하길 원하는 다른 전구도 있어요."

웃으며 대답하던 그녀가 말을 이어갔다.

"대체로 인간은 변화를 원하지 않는답니다. 발을 땅에 파묻은 채 변화에 저항하죠. 이 두려움은 모든 사람이 겪는 가장 큰 병이랍니다. 치유하기도 가장 어렵지요. 스트레스를 일으키는 원인은 변화 그 자체가 아닙니다. 변화에 대한 우리의 저항이 스트레스를 일으켜요. 치유가 일어나기 위해서는 그런 저항을 떠나보낼 필요가 있답니다. 싸움을 그만두고, 저항하기를 그만 둬야 합니다. 그저 일어나는 일들을 받아들이고, 그런 다음에는 뭔가를 행하는 거죠."

"나는 변화하고 싶습니다."

내가 말했고, 로즈는 자신 있게 단언했다.

"나도 알아요, 게리. 누군가 당신에게 요청할 수 있는 것이라고는 그것뿐일 거예요. 그리고 당신은 상상할 수 있는 것보다 더 많은 도움을 받아왔어요."

"무슨 도움을 말씀하시는 건가요?"

"게리, 모든 치유는 실제로 신에게서 오고, 신과 연결된 우리 자신에게서 일어나는 거랍니다." 로즈가 대답했다. "우리는 이미 내면에 치유에 필요한 모든 답을 갖고 있어요. 단지 그 해답들에 접근하는 법을 배우기만 하면 된답니다. 즉 자기 자신, 자신의 마음, 자신의 경험에만 의존할 필요는 없다는 거예요. 온 우주에 존재하는 지성은 당신 내면에도 존재하니까요. 아직 그것에 접근하는 법을 알지 못할 뿐이에요.

궁극적으로 우리는 스스로를 치유합니다. 때로 치유사의 도움을 받기도 하지만 그렇다고 병이 생길 때마다 의사, 침술사, 물리치료사에게 갈 필요는 없답니다. 스스로 치유할 수 있으니까요. 우리는 이를 의식적으로 배울 수 있습니다. 만일 모든 차원에서 건강하고 싶다면, 관심을 집중하는 법을 배울 필요가 있답니다. 의식적으로 알아차리는 법을 계발할 방법을 배우는 거죠."

"그렇다면 내가 어떻게 해야 하나요? 내 안에 있다고 당신이 말한 그 지성에 내가 어떻게 연결될 수 있을까요?"

"해답을 구하려 할 때면 당신은 언제나 그것과 연결되어 있답니다. 한동안 골머리를 앓고 있다가 불현듯 해답을 얻은 적이 있지 않은가요?"

로즈가 부드럽게 조언하듯이 말했다.

"예, 여러 번 그런 적이 있어요. 고객 미팅 때 가끔 문젯거리를 안고 오는 고객들이 있었어요. 그런데 이상하게 그들이 문제를 설명하기도 전에 해결책이 떠오를 때가 있었습니다."

"바로 그거예요. 이는 건강 문제에서도 똑같은 방식으로 작용한답니다. 문제는 내면의 목소리를 들을 수 있을 정도로 마음이 고요해지는 것뿐이랍니다. 이곳을 떠나기 전에 당신은 이 고요한 마음 상태에 쉽게 도달할 수 있을 거예요. 다른 사람들을 돕는 데 그 능력을 사용할 수도 있을 거고요."

나는 조금 회의적이긴 했지만 모든 일이 어떻게 펼쳐지는지 기꺼이 보고 싶었다.

"그러니까 내 안에 모든 해답이 다 들어 있다는 거지요? 그 작은 목소리를 귀 기울여 듣는 법을 배우고, 그것을 신뢰하라는 뜻인 거죠?"

"그렇죠. 그게 첫 번째로 해야 할 일입니다. 그다음은 생각과 기대를 통제하는 법을 배우는 것입니다. 현실에서 일어났으면 하는 생각과 기대에 관심을 집중하는 것이지요. 실제로 생각, 믿음, 감정, 말은 현실을 창조한답니다. 그러므로 만일 당신이 스스로 다발성 경화증을 창조했다는 사실을 믿을 수만 있다면, 그것을 창조하지 않을 수 있다는 사실 또한 믿을 수 있을 겁니다."

로즈가 계속 이야기했다.

"이해하기 꽤나 어려운 생각이죠. 이게 바로 '끌어당김의 법칙'이랍니다. 달리 말하면 당신이 내보낸 것을 당신이 받게 된다는 뜻입니다. 주의를 집중해 에너지를 보내는 것이 무엇이든 간에 우리는 그것을 끌어당기게 되어 있어요. 특히 우리가 주의를 집중해야 할 가장 강력한 에너지는 사랑과 용서랍니다. 우리 자신은 물론 다른 사람들에게도 모두 적용되는 사랑과 용서 말입니다."

"미안합니다만 이 이야기는 너무나 단순하게 들리는군요."

내가 이의를 제기하며 말했다.

"미국에는 아주 많은 자기 계발서가 있습니다. 모두 긍정의 힘에 대해서 이야기하고 있어요. 병이 난 뒤에 나도 그것들 중 몇 권을 읽어 보려고 했습니다. 하지만 나에게 그것들은 전혀 효과가 없어 보였어요. 내가 뭔가 중요한 것을 놓친 걸까요?"

"솔직한 질문을 하셨네요. 당신 말이 맞습니다. 단지 긍정적인 말을 되풀이하는 것만으로는, 어느 누구도 근본적인 자기 프로그래밍을 변화시킬 수 없습니다. 정말로 믿어야만 합니다. 온 영혼으로 긍정의 말 너머에 있는 메시지들을 믿어야 한다는 뜻입니다. 더불어 그 메시지들을 따라서 삶을 살아야 합니다. 자기 프로그래밍이 다시 이루어지도록 말이죠."

"하지만 그 너머에 있는 메시지를 온전히 믿지는 않더라도, 긍정적인 말을 되풀이하는 것이 아무것도 안 하는 것보다는 낫습니다. 어쨌든 긍정적인 에너지를 내보내는 것이니까요. 물론 이는 임시방편일 뿐이랍니다. 그보다는 근본적인 태도 변화가 필요할 것입니다. 이 세상에 얼마나 많은 사람이 좋은 의도를 갖고 사는지를 한번 보세요. 하지만 그들은 매번 똑같은 패턴의 반복을 멈추지 못하는 것처럼 보이잖아요."

"그것들을 내가 다 할 수 있는지 정말로 잘 모르겠어요. 하지만 당신이 나를 기꺼이 도와준다면 나도 기꺼이 애써 보겠습니다I'm willing to try." 나는 내 말을 다시 생각하고 고쳐 말했다. "다시 말해 볼게요. 나는 기꺼이 최선을 다하겠습니다I'm willing to do my best."

로즈가 웃음을 터뜨렸다.

"아주 훌륭해요, 게리. 우리에게는 바로 그러한 태도가 필요하답니다."

점심 휴식 시간 후에 나는 휠체어를 굴려서 치유 오두막으로 돌아갔다. 로즈는 손을 무릎에 얹은 채 의자에 조용히 앉아 있었다. 그녀의 시선은 나를 지나쳐서 어딘가를 똑바로 응시하고 있었다. 나는 급하게 휠체어를 멈췄다. 처음에는 약간 불편한 기분이 들었지만, 곧 깨달았다. 그녀의 표정이 마을 사람들이 땅에 앉아서 먼 허공을 응시할 때의 표정과 똑같다는 것을 말이다.

로즈는 깊은 숨을 쉬고는 눈을 깜박거렸다. 그런 다음 나를 보고 미소를 지어 보였다. 뒤이어 마치 내 생각에 응답이라도 하는 것처럼 대답했다.

"맞아요. 호주 원주민들은 많은 시간을 명상을 하며 보낸답니다. '꿈꾸는 시간'이라고 부르는 상태죠."

그녀는 아주 평화로워 보였다.

"우리에게는 아주 자연스러운 상태랍니다. 우리가 집중하기를 통제하는 기법 중 하나이기도 하고요. 또 명상을 하면서 잠재의식적으로 끌어당기기를 하기도 한답니다. 예전에 명상을 해 본 적이 있나요, 게리?"

"전혀 아는 바가 없는 분야예요. 아마도 나는 '자연 그대로의 순수한' 사람은 아닌 모양입니다."

내가 농담을 던지자 그녀가 빙긋 웃었다.

"우리에게는 '꿈꾸는 시간'이 너무나 필요하고 중요하답니다. 우리 삶의 방식 중의 하나니까요."

"마을 사람들이 얼마나 자주 앉거나 선 채로 그저 허공을 응시하고 있는지는 알아차리고 있었어요."

나는 살짝 부끄러움을 느꼈다. 왜냐하면 처음에 나는 그런 그들의 상태를 머리가 그리 똑똑하지 않아서일 거라고 생각했기 때문이다.

"그것이 당신이 명상하는 상태라고 부르는 것인가요?"

"그래요, 바로 그 상태랍니다. 명상은 어떤 특정한 종류의 자세를 취하고, 눈을 감고, 또는 혼자서 해야 하는 어떤 것을 뜻하지 않는답니다. 명상은 그냥 긴장을 풀고, 내면으로 들어가서, 귀를 기울이는 법을 배우는 것이랍니다. 만일 당신에게 문젯거리가 있거나 어떤 의문이 있다면, 그냥 마음을 고요히 하고 내면으로 들어가서 질문을 하는 거예요. 그러면 내면에 있는, 그 답을 알고 있는 자가 당신에게 답을 제공해 줄 테니까요. 지금 잠시 동안 명상을 좀 해 보도록 해요."

나는 눈을 감았다. 왜냐하면 그게 좀 더 편하고 내밀하게 느껴졌기 때문이다. 그런 다음 평화롭고 사색에 잠긴 상태에 도달해 보려고 애를 썼다. 하지만 그러기는커녕 내 마음은 온갖 곳으로 산만하게 흩어져 갔다. 오히려 마음이 괴로웠다. 열기,

목에서 솟아나는 땀, 오른쪽 엉덩이에서 느껴지는 둔중한 경련, 무릎에 놓인 두 손의 묵직한 느낌 등으로 주의가 마구 분산되었던 것이다. 또 마을에서 큰 소리를 내며 놀고 있는 아이들을 도무지 무시할 수가 없었다. 마치 내 주의를 분산시키려고 특별히 애를 쓰고 있는 것만 같았다. 영원처럼 느껴지는 시간이 흐른 뒤 나는 눈을 살짝 떠서 로즈를 보았고, 그녀는 물었다.

"어떻던가요?"

"사실을 알고 싶으세요? 집중하는 느낌을 갖지 못했어요. 오히려 온갖 곳으로 분산되고 있는 내 마음을 깨달았을 뿐이에요. 추측컨대 나는 명상가가 되지는 못할 것 같아요."

"걱정하지 마세요. 실제로 귀를 기울여서 내면의 소리를 들을 수 있을 만큼, 고요하고 이완된 상태에 도달하는 법을 배우기까지는 시간이 걸린답니다. 한 동안은 충실하게 명상을 계속해 보세요. 그러면 그 결과에 놀라게 될 거예요. 명상이란 마음의 상태일 뿐 그 이상은 아니랍니다. 명상을 오래하면 할수록 점점 더 쉬워질 거예요. 명상 상태에서 부정적인 에너지를 피하는 게 쉬워질수록 더욱 더 깊은 평온함을 얻게 된답니다."

휴식 시간에 나는 휠체어를 굴려서 밖으로 나갔다. 마을은 평상시처럼 조용했고, 시끄럽게 주변을 뛰어다니는 아이들은 한 명도 없었다. 마치 명상 때의 내 상태를 풍자하는 것만 같았다. 이곳에서 나는 이런 식의 인생의 작은 교훈들을 배우는 일에 점차 익숙해지고 있었다. 그래서 그냥 삶이 흘러가는 대로 따라가 보기로 했다.

오두막 옆에 있는 울퉁불퉁 못생긴 작은 나무 아래로 드문드문 그늘이 져 있었다. 나는 그곳에 멈춰 섰다. 여자 두 명이 커다란 잎사귀들 위에 과일을 담아 들고서 내 곁을 지나갔다. 그들은 백발이 성성한 노인 곁으로 가 땅바닥에 앉았다. 그 노인은 저녁 모임에서 몇 번이나 나를 쳐다보던 사람으로 나도 얼굴을 아는 자였다. 그날 로즈가 알려 준 것을 보여주기라도 하는 것처럼, 그들 셋은 꼼짝도 하지 않고 함께 앉아서 오두막 너머의 어딘가를 응시하고 있었다. 어쩌면 저 멀리 광활하게 펼쳐진 헐벗은 풍경을 보고 있는 것인지도 몰랐다. 어찌 됐든 그들은 굉장히 평화로워 보였다. 나도 그들처럼 느낄 수 있다고 상상해 보았다.

그러고 있는데 누군가 내 팔을 쿡쿡 찌르면서 내 주의를 끌었다. 꼬마 남자애였다. 아이는 수줍게 공책 한 권을 내밀었다. 그 공책은 레이가 아이들에게 선물한 것으로, 펜이 매달려 있는 공책이었다. 공책에는 서로 이어진 선들, 별들, 원들로 이루어진 기하학적 도안이 정교하게 그려져 있었다. 잔치를 할 때 마을 사람들이 몸에 그렸던 도안과 비슷했다. 그 아름다운 작품이 금방 나를 사로잡았다. 그 그림이 얼마나 훌륭한지를 아이에게 말해 주고 싶은 마음에, 그들의 말을 할 수 있으면 얼마나 좋을까 하고 생각했다. 그러자 아이가 씩 웃어 보였다.

"아주 훌륭하구나."

나는 그렇게 말하며 공책을 다시 돌려주려고 했다. 아이는 그 공책을 다시 나에게 내밀면서 자기 펜을 건네주었다. 그러고는 그 그림에 덧붙여서 뭔가를 그려 보라는 손짓을 해 보였다.

나는 그 아름다운 그림을 망치고 싶지 않았다. 그래서 거절의 의미로 머리를 가로저었다. 아이가 내 제스처를 이해할지 아닐지 알지도 못하면서 말이다. 하지만 아이는 계속 고집했다. 할 수 없이 나는 펜을 쥐고서 다면체 안에 그려진 두어 개의 별 그림에 잇대어서 선을 몇 개 더 그었다. 그러고는 공책을 돌려주었다. 그러자 아이가 활짝 미소를 지은 뒤 자기 가슴에 공책을 꼭 붙이고는 멀리서 지켜보고 있는 한 무리의 아이들에게로 웃으면서 달려갔다.

"잘하셨어요. 친구."

레이였다. 그는 기척도 없이 나타났다.

"무엇에 대한 그림인가요?"

꼬마 아이들 쪽으로 고개를 돌리며 내가 물었다. 레이는 그저 미소만 짓고는 나를 치유 오두막에 데려다주었다.

"여기 있어요, 로즈. 내 생각에 그는 연결되어 있음을 향해 한 방 쏠 준비가 된 것 같은데요."

로즈와 나는 다시 명상을 연습했다. 비록 내가 잘해 나가고 있다고는 생각하지 않았지만, 그래도 이번에는 오두막 안의 후덥지근한 열기, 새소리, 바깥에서 뛰어다니는 아이들 소리에 아까만큼은 주의를 빼앗기지 않았다.

"좋습니다. 이것을 매일 정기적으로 연습해 보세요. 그러면 언젠가는 알게 될 거예요. 이제는 다른 것을 해 봅시다."

로즈는 의식적인 집중을 위한 다른 연습거리를 내 주었다. 이것은 일상적인 삶을 토대로 내 삶을 일곱 개의 영역으로 나누어서 바라보는 연습이었다. 그녀는 이것들을 '마음의 일곱 가지 기본 문제들'이라고 불렀다.

"세상에서 일어나는 모든 문제는 이 일곱 가지의 영역에서 왔다 갔다 한답니다. 감정, 건강, 관계, 돈, 성, 학업, 영성 문제가 바로 그것입니다."

"이것들이 온갖 다른 문제들의 뿌리라고요?"

내가 살면서 느꼈던 마음의 동요와 혼란들을 설명하기에 이것들은 너무나 단순했다. 내 질문에 크게 상관하지 않은 채 로즈는 설명을 계속했다.

"이 문제들은 각각 다른 영역에서 또 다른 문제를 불러일으킬 수 있습니다. 예를 들어 당신네 문화권에서는 어떤 사람이 건강에 문제가 있으면 아마 경제적으로도 문제를 겪을지 모릅니다. 왜냐하면 의사에게 돈을 내야 하니까요. 또 인간관계에서 문제가 생길 수도 있습니다. 건강 문제 때문에 기분이 좋지 않아서 가족이나 친구들과 정서적으로 좋은 관계를 맺지 못할 수도 있으니까요. 만일 당신이 인간관계에서 문제를 겪고 있다면, 그것이 경제 문제를 가져올 수도 있을 겁니다. 왜냐하면 일에 집중할 수 없을 것이기 때문이죠. 또는 스트레스를 받아서 건강에 문제가 생길 수도 있겠죠."

"당신을 재프로그래밍할 때 우리는 이 일곱 가지 영역을 여러 번에 걸쳐서 다룰 것입니다. 지금은 그냥 이런 것이 있다는 것을 기억하고 생각해 보세요. 말을 할 때는 긍정적인 말을 쓰도록 해야 합니다. '아직은'이란 말을 사용하고 '소망한다', '원한다' 같은 단어는 되도록 쓰지 말고요. 잠재의식 차원에서 우리 마음은 현실에서 실제로 일어난 일과 마음속으로 상상한 일 사이에 차이가 있다는 것을 모른다는 점을 기억하세요."

그날 밤 나는 딱딱한 나무 침대에 누워서 로즈의 말을 생각해 보았다. '집중하기'는 다루기 힘든 까다로운 배움이란 것을 알 수 있었다. 그것은 단순히 주의를 쏟는 것만을 뜻하는 게 아니었다. 오히려 주의를 쏟고 있는 대상이 어떤 것인지 민감하게 깨어 있어야 하는 문제였다. 특히 중요한 것은 집중하고자 하는 주제를 스스로 선택한다는 점이었다.

나는 스스로를 무감각하게 만들고 또 감정을 차단하면서 학대받은 어린 시절에 내 신경이 집중되는 것을 막아 왔다. 하지만 그런 노력은 별로 쓸모가 없었다. 왜냐하면 무감각한 상태 아래에는 언제나 내가 숨기고자 했던 고통이 있었기 때문이다.

조 형이 생각났다. 그 역시 아버지의 손아귀에서 고통받았던 사람이다. 조 형은 키가 거의 2미터 정도였고 몸무게는 110킬로그램이 넘었다. 162센티미터에 60킬로그램이 못되는 아버지에 비해 아주 큰 편이었다. 형이 14살 정도 되었을 때 그는 이미 아버지의 장광설과 매질을 물리적으로 충분히 막아 낼 수 있었을 것이다. 하지만 형은 그런 용기를 전혀 내지 못했다. 그랬기 때문에 아버지는 언제나 형을 겁먹게 하고 협박할 수 있었다.

그렇게 세월이 흐르던 어느 날 마침내 조 형은 아버지의 학대를 끝낼 방법을 찾아내었다. 당시 어머니는 일 때문에 다른 곳으로 출장을 간 상태였다. 그날 나는 당시 아내였던 티나와 함께 어머니 집 차고에 갔었다. 보관해 둔 물건을 가져오기 위해서였다. 그 당시 조 형 내외는 어머니와 함께 살고 있었고, 나에게도 집 열쇠를 하나 주었었다.

옆에 딸려 있는 차고 문을 열려고 다가가자 문이 휙 하고 저절로 열렸다. 참 이상하다는 생각이 들었다. 밝은 곳에 있다가 어두운 차고에 들어오자 주변이 잘 보이지 않았다. 하지만 어머니의 차가 정면을 바라보며 주차되어 있는 모습은 볼 수 있었다. 이것은 평소와 같지 않았다. 어머니는 항상 문에서 볼 때 차 뒤쪽이 보이게끔 주차를 했기 때문이다.

뭔가 이상하다고 느낀 나는 뒤에 서 있는 티나에게 뭔가 잘 못된 것 같다고 말했다. 어두침침한 차고 안으로 들어가 보니 주차된 차 안에 어떤 사람이 있는 게 보였다. 운전대 위에 축 처진 상태로 엎어져 있는 것 같았다. 가슴이 세차게 뛰기 시작했다. 조 형인 것 같았다. 침침한 빛이었지만 그의 실루엣은 금방 알아볼 수 있었다. 그는 몸집이 아주 큰데다가 상고머리를 하고 있었기 때문이다.

나는 차문을 휙 잡아 열면서 그의 이름을 불렀다.

"조 형, 형. 눈을 떠 봐!"

내가 다급하게 소리쳤다. 반응이 있기를 바라면서 여러 번 그의 가슴을 손바닥으로 쳤다. 그는 움직이지 않았다. 다시 시도하면서 내가 소리쳤다.

"형, 일어나! 일어나 봐! 장난은 그만 둬!"

뻣뻣하게 굳은 그의 몸에서는 아무런 반응이 없었다. 어둠에 눈이 익숙해지자 형의 얼굴을 볼 수 있었다. 그의 피부는 검은 가죽처럼 변해 있었다. 나는 차고 밖으로 뛰쳐나갔다. 아내는 여전히 차고 문 옆에 서 있었다. 차고 앞 잔디밭에 털썩 무릎을 꿇고서 나는 흐느꼈고, 혼란에 빠진 아내가 물었다.

"대체 무슨 일이에요?"

"조 형이야… 형이 죽었어."

내가 할 수 있는 말이라고는 이 말뿐이었다.

형의 죽음은 내게 너무 큰 상실이자 슬픔이었다. 그는 우리 가족 중에서 내가 정말로 사랑했고 가까웠던 유일한 사람이었기 때문이다. 아내는 가만히 서서 울부짖고 있는 나를 바라보았다. 그녀는 알지 못했다. 내가 인생에서 처음으로 나 자신을 위해 울고 있다는 것을 말이다.

검시관은 내가 조 형을 발견했을 때는 이미 죽은 지 3일 정도 되었다고 말했다. 이웃 사람 하나는 이삼일 전 즈음에 차고에서 시동 거는 소리를 들었지만, 자신은 그 소리를 별로 중요하게 여기지 않았다고 말했다.

남동생과 형수님, 그리고 어머니는 형이 자살을 했다는 사실을 믿지 않으려 했다. 그들은 형의 죽음에 자살이라는 꼬리표가 붙지 않도록 검시관들과 싸웠다. 그들은 어머니가 집에 없을 때면 조 형이 종종 어머니 차에 시동을 걸곤 했다고 말했으며, 그러던 중 형이 사고로 넘어져 일산화탄소 가스에 질식한 것이 틀림없다고 주장했다.

나는 그들이 그럴 듯한 이유를 대면서 진실을 회피하고 부정하고 있다는 사실을 알고 있었다. 강요를 당한 검시관도 형의 사인을 '사고로 인한 죽음'이라고 서류에 서명했다. 나는 잘 알고 있었다. 그의 죽음은 우리 가족에게 전해 내려온 비극의 일부분이라는 사실을 말이다. 그 비극적 유산은 내가 다발성 경화증을 만나기 전까지 회피해 오던 것이기도 했다.

조 형은 자기 머릿속에서 들려오는 그 목소리들을 더는 내버려 둘 수 없었을 것이다. 그는 자기 마음이 집중하고 있는 그 내용을 바꿀 수가 없었던 것임이 분명하다. 형을 떠올리며 치유의 마지막 중요 요소에 대해 생각하자 나는 그제야 그것이 얼마나 중요한지를 알 것 같았다.

나는 깨달았다. 내가 원하는 것에 집중하기 위해서는 의식적으로 선택해야만 한다는 사실을 말이다. 도움이 되지 않는 것들에 대해서는 생각하지 않기로 선택해야 하는 것이다. 그동안 내가 했던 방식이라고는 스스로를 무감각하게 만드는 것이었고, 이것은 내 삶에 끔찍하게 안 좋은 영향을 끼쳤다.

형의 해결책은 훨씬 더 나빴다. 왜냐하면 그는 자신의 고통스러운 생각들에 직면하기보다는 삶을 끝내기로 선택했기 때문이다. 그렇지만 지금 나에게는 다른 선택을 할 수 있는 기회가 있다. 내 마음을 바른 방향으로 향하도록 훈련하고, 좋은 것을 생각하도록 훈련할 수 있는 기회 말이다. 이렇게 하면 나는 좋은 것들을 끌어들일 수 있을 것이다.

일생 동안 해 온 습관들을 바꾸는 일은 결코 쉽지 않을 터였다. 하지만 나는 그렇게 하기로 결심했다. 내 삶이 이 일에 달려 있기 때문이었다.

외딴 오지의 밤은 고요했다. 그 고요함 속에 누워 나는 내가 도움을 받고 있다는 사실을 깨달았다. 마음속으로 로즈가 했던 말을 들을 수 있었다.

"온 우주의 지성이 전부 당신 속에 있어요, 게리. 아직 그것에 접근하는 법을 모를 뿐이랍니다."

이 생각은 내게 희망을 안겨주었고, 나는 잠 속으로 빠져들어 갔다.

# 8장

# 원하는 삶을
# 만드는 비결

다음 날 로즈는 내가 좀 더 심오하고 특별한 치유를 시작할 준비가 되었다고 말했다. 기본적인 작업은 마쳤다는 뜻이다.

"오늘 시작할 치유 과정을 위해서 그동안 우리는 치유의 근본이 되는 토대를 세워야만 했답니다. 먼저 당신은 모든 원주민 치유력의 밑바탕에 깔린 기본 원리를 이해해야만 했어요. 바로 '연결되어 있음'이란 원리를 말이에요. 그것은 기초 공사에서 모든 것을 함께 이어주는 모르타르 같은 것이죠. 당신은 모든 것이 서로 연결되어 있다는 사실을 이해할 필요가 있었어요. 당신이 생각하는 바가 당신이 느끼는 방식에 영향을 미치고, 그것은 또 당신 몸이 반응하는 방식에 영향을 미친다는 것을 말이죠."

나는 고개를 끄덕였다. 비록 처음에는 이것이 대단히 이상한 개념처럼 보였을지라도 나는 그것이 사실이라는 점을 알아가고 있었다. 더욱 중요한 것은 그게 사실이라고 느낀다는 점이었다. 나에게 자기 그림을 보여 주면서 미소를 짓던 꼬마 아이가 생각났다. 로즈도 미소를 지으면서 고개를 끄덕였다.

"그래서 얼마 동안 당신은 치유의 다섯 가지 근본 요소들을 탐구하면서 시간을 보낼 필요가 있었던 거랍니다. 일전에 이야기했듯, 지금까지 배운 근본 요소들은 기초 공사에 쓰이는 벽돌들입니다. 당신은 이제 그것들 역시 서로 연결되어 있음을 알게 되었을 거예요. 즉 당신에게 기꺼이 하려는 마음이 없다면 알아차리기도 할 수 없습니다. 알아차리지 못한다면 무언가를 받아들일 수도 없고요. 또 무언가를 받아들이지 못한다는 건 그것을 책임질 수 없다는 뜻입니다. 당신이 무언가를 책임질 수 없다면 당신이 끌어들이고 싶어 하는 좋은 것들에 관심을 집중하도록 선택할 수도 없답니다."

나는 고개를 끄덕였다.

"그러니까 우리는 기초 공사를 한 것이군요. 이제 건물을 지을 때인가요?"

"그럴 때가 되었죠. 이제 당신의 건강을 지원해 줄 새로운 신념 체계를 실제로 세울 거예요. 그 과정에서 지금 당신의 병을 뒷받침하고 있는 신념들을 모두 없앨 거랍니다. 당신네 문화에서 사용하는 은유를 통해 말하자면, 우리는 당신을 다시 프로그래밍시킬 것입니다."

"그러니까 내가 지금 다발성 경화증이라는 병을 앓도록 프로그래밍되어 있다는 이야기입니까?"

"어떤 차원에서 당신은 그렇게 되어 있어요. 그것을 당신의 '프로그램'이라고 부를 수도 있고, 삶의 드라마를 위해 당신이 만들어 낸 '대본'이라고 부를 수도 있어요. 또는 '실행 안내서' 라고 부를 수도 있겠죠. 어쨌든 기본적으로 그것은 당신이 운용하는 것이랍니다."

많은 점에서 내가 나 스스로를 잘 모른다는 사실은 이미 알고 있었다.

"좋아요, 그러면 그 실행 안내서를 읽어 봅시다."

로즈는 웃음을 터트렸다.

"현실의 본성에 관한 몇 가지 기본적인 토대들을 가지고 시작해야 해요. 먼저 모든 현실은 주관적이라는 것부터 마음에 새기세요. 물론 이것은 당신 속에 있는 물리학자의 마음으로는 이해하기 힘들 수도 있습니다."

나는 어깨를 으쓱했다.

"좋아요. 물리학자인 내 마음은 열려 있어요."

"예를 하나 들어 볼게요. 우리 대부분은 장미꽃 냄새를 맡을 때 그 향이 기분을 좋게 한다고 느낍니다. 하지만 만약 당신이 아이일 때 매를 맞기 직전에 장미꽃 냄새를 맡았다면, 그 냄새가 어떠할지 상상해 보세요. 이때 장미꽃 냄새는 당신으로 하여금 두려움과 불쾌함을 불러일으킬 것입니다. 그렇다면 장미꽃 냄새는 원래부터 기분이 좋은 것일까요? 아니면 원래부터 역겨운 것일까요?"

"경우에 따라 다를 수도 있겠다는 생각이 드네요."

"맞아요. 장미꽃 냄새를 좋게 느끼거나 나쁘게 느끼는 것은 절대적인 것이 아니라 당신의 지각 능력에 달린 일입니다. 그리고 삶의 방식에 따라서 지각하는 방식도 달라진답니다. 우리는 생각할 줄 아는 기계적인 몸이 아닙니다. 오히려 이 기계적인 몸을 만들어 내는 사고이자 지성이라고 할 수 있어요."

"몸에 생긴 잘못을 변화시키는 데 마음을 사용할 수 있다고 말씀하시는 겁니까?"

"바로 그것이 우리가 당신과 함께하려는 계획이랍니다. 우리는 당신 마음이 만들어 낸 잘못된 신념들을 밖으로 끌어낼 것입니다. 그리고 그것들을 건강을 위한 신념들로 바꿀 거예요. 이것이 효과가 있다는 것을 이해하기 위해서는 먼저 마음이 두뇌에 국한된 것이 아니라는 사실을 알아야 합니다. 심지어 마음은 육체에 국한된 것도 아니랍니다. 마음은 에너지이자 영혼이고, 우리 안에 존재하는 모든 것을 포함하는 보편적인 어떤 것입니다. 당신 같은 물리학자라면 이 존재를 통일된 것 혹은 국부적이지 않은 통일장場이라고 부를 수도 있을 겁니다."

"바로 이런 까닭에 감정을 경험하는 매 순간마다 우리는 우리 몸의 모든 부분에 영향을 미치는 것입니다. 이뿐만 아니라 우리는 우리 주위에 있는 모든 이에게도 영향을 미친답니다. 지구 전체에, 심지어는 우주에까지 말입니다. 긍정적으로 생각하는 모든 순간이 우리를 치유해 주고 있답니다. 긍정적 사고는 우리 몸에 치유를 위한 화학 작용을 만들어 내기 때문이지요. 반면 부정적으로 생각할 때마다 우리는 스스로를 파괴하고 있는 거고요."

"그렇다면 내가 생각을 바꾸면 몸도 바꿀 수 있습니까?"

"그래요. 하지만 이 변화는 깊은 차원에서 일어나야만 합니다. 표면에서 약간의 변화를 일으키는 일은 쉬워요. 그렇기 때문에 암과 같은 병들이 더 나빠지지 않고 소강상태로 있다가도, 몇 달 혹은 몇 년 후에 다시 발병하는 것이지요. 변화가 영구적으로 일어나려면 세포 차원에서도 변화가 일어나야 합니다. 왜냐하면 우리가 겪어 온 모든 경험의 기억이 세포 속에도 각인되어 있기 때문이죠."

"세포들이 의식을 갖고 있다는 뜻인가요?"

내가 물었고 로즈는 즐거워하며 답했다.

"그래요. 정확히 그렇답니다. 마치 모든 세포 하나하나가 저마다의 '두뇌'를 갖고 있어서 그때그때의 감정을 기록하는 것과도 같아요. 사실 우주에 존재하는 모든 것은 살아 있으며 의식을 지니고 있습니다. 또 우리는 지성으로 둘러싸여 있는 존재입니다. 우리 몸 안에서뿐만 아니라 외부세계에서도 그렇답니다. 그 지성은 순수한 질료들을 만들어 내고, 그것들로부터 창조와 변화가 일어난답니다."

나는 이 이야기에 빠져들어 갔다. 이것은 지금까지 내가 배워 오던 것들과는 아주 다른 개념이었다. 내가 알기로 두뇌는 정보를 저장한다. 폐는 공기를 빨아들이고 뱉어 낸다. 심장은 피를 내보낸다. 작은 세포들은 자기들에게 주어진 아주 작은 일들을 한다. 그리하여 이들 각각은 우리 몸에서 하나의 행복한 팀을 이룬다고 나는 배워 왔다. 그런데 세포 차원에서도 의식이 일어난다고? 세포들도 감정을 느끼고 기억을 한다고?

"인간 존재가 어떻게 마음, 몸, 감정, 영혼으로 이루어져 있는지에 대해서 말했던 것, 기억나세요? 이 말은 우리가 치유를 이야기할 때는 단지 신체만이 아니라 우리 속에 있는 이 모든 존재 전부를 치유해야 한다는 뜻이랍니다. 전에도 말했다시피 당신이 오렌지를 쥐어짜면 오렌지주스만을 얻게 되잖아요. 인간 존재에서 나오는 것도 이와 똑같습니다. 당신은 오직 이미 그 안에 있는 것만을 얻을 수 있을 뿐이랍니다."

로즈는 근육 테스트가 왜 그렇게 반응하는지를 이해하는

데 이 오렌지 비유가 도움이 될 거라고 이야기했다.

"우리는 몸이 거짓말하지 않는다는 것을 볼 수 있었잖아요." 그녀가 알기 쉽게 말했다. "몸은 마음 깊숙한 곳에 간직한 신념들을 알고 있어요. 때로 그것은 행동으로 표현되기도 하지요. 또한 몸은 기억합니다. 당신이 아직 자궁에 있었을 때, 출생했을 때, 그리고 살아오는 내내 당신에게 일어났던 모든 일을요. 즉 삶의 이력은 당신의 마음뿐 아니라 몸에도 기억된답니다. 희박한 공기 속으로 그냥 사라지는 게 아니라는 뜻입니다. 그리고 이렇게 간직된 기억들은 당신의 프로그래밍을 위한 기본 요소로 쓰인답니다."

이해해야만 하는 것들이 아주 많았다. 하지만 나는 이미 근육 테스트를 하며 깊은 인상을 받았기 때문에 어느 정도는 이해가 갔다. 가령 다른 이름을 내 이름이라고 거짓말을 하면 나는 팔을 들고 있을 수가 없었던 것이다. 로즈는 '프로그래밍'에 대해 계속 설명해 주었다. 이 프로그래밍은 우리가 한 경험들을 원료로 삼아서 이루어지지만 우리가 지닌 유전적 특질 때문에 일어나기도 한다고 말이다. 우리의 유전자 속에는 조상들이 지녔던 몸의 역사가 간직되어 있다. 그래서 어머니의 배 속에서 수태되는 순간 우리는 부모의 프로그램을 일부 떠맡게 된다. 이뿐만 아니라 조부모, 증조부모, 고조부모… 그 윗대로 끊임없이 이어지는 조상들의 프로그램을 일부 떠맡는 셈이다. 어머니가 우리를 자궁 속에 품고 있는 동안, 또 탄생하는 순간에도 우리의 프로그래밍은 계속 진행되고 있다고 했다.

"또한 우리는 정서적으로도 조상들의 유산을 물려받는답니다. 하나 이상의 아이를 낳은 어머니들이 흔히 하는 이야기를 당신도 들었을 거예요. 아기들은 각자 또렷이 구분되는 기질을 지닌 채로 이 세상에 온다고요. 우리는 텅 빈 서판書板으로 이 삶 속에 들어오지 않는답니다. 심리학자들은 이렇게 말하죠. 생후 7살 무렵이 되면 이미 우리의 성격과 행동 양식이 정해진다고요. 그리고 우리는 남은 삶 동안에 그 프로그램을 운용하는 거지요. 그런데 우리 대부분은 다섯 살이 되기 전의 일들에 대해서는 의식적으로 알아차리지 못합니다. 발달 단계에서 영향력이 가장 큰 시기인데 말입니다."

"그렇다면 그 프로그램이 무엇인지를 어떻게 발견할 수 있나요? 우리가 의식적으로 기억하지 못한다면 말입니다."

내가 물었고, 그녀는 분명히 설명해주었다.

"우리가 그 정보를 완전히 잃어버린 것은 아니랍니다. 어린 시절의 사건들이 현재의 삶에 어떤 영향을 끼쳤는지를 발견하게 도와주는 기법들이 있습니다. 이미 일어난 어린 시절의 경험들을 이제 와서 어찌할 수는 없지만, 그것들이 우리에게 끼친 영향들을 다시 프로그래밍할 수는 있습니다. 바람직하지 못했던 경험을 이해하고 받아들인 다음에 긍정적인 결과가 되도록 그것을 변형시킬 수 있다는 뜻이죠."

이 지점에서 조금 어렵다는 생각이 들었다. 어떻게 내가 아버지와의 경험을 변형시킬 수 있는지 도무지 알 수가 없었던 것이다. 또 실패한 결혼 생활, 소원해진 우리 아이들과의 관계, 내가 앓고 있는 다발성 경화증을 어떻게 변형시킬 수 있을까?

로즈가 내 눈을 바라보며 말했다.

"우리에게 일어난 일들이 미치는 영향은 그것이 긍정적인 것이든 부정적인 것이든 간에 전부 선택의 문제랍니다. 즉 어떻게 우리가 그 상황을 지각하기로 선택할 것인가의 문제란 뜻이죠. 이미 프로그래밍되어 있는 세포 안에서 자신의 내적인 프로그래밍을 바꾸는 것은 가능하답니다. 사실 오늘 우리가 시작하려고 하는 것이 그 일이고요. 하지만 먼저 당신 안에 프로그래밍되어 있는 것이 무엇인지 탐구해야 합니다. 당신에 관해 알려 주는 실행 안내서를 읽을 것이란 뜻입니다. 그다음 새로운 것을 써넣을 것입니다."

"좋습니다. 어디서부터 시작합니까?"

"당신이 가고 싶어 하지 않는 곳에서부터 시작할 거예요. 감정들을 느끼는 곳 말입니다."

로즈가 대답했고, 나는 작은 신음을 뱉었다. 그러자 그녀가 웃음을 터트리며 말했다.

"당신에게는 이것이 특히나 중요하답니다, 게리. 하지만 당신은 혼자가 아니에요. 사람의 감정은 대개 복잡하고 수수께끼처럼 얽혀 있습니다. 우리 사회는 우리더러 친절하고 사랑스러운 사람이 되라고 말하지요. 하지만 생존이 위협받게 되면 그때는 두려움과 분노가 필요하고 그러한 감정이 적절한 법입니다. 이런 감정들이 생존을 도와주기 때문이죠. 하지만 문제는 미숙하고 시대에 뒤진 프로그램이 지금은 아무 쓸모가 없고 적절하지도 않은 상황에서 우리로 하여금 분노와 두려움을 느끼게 한다는 점이랍니다."

로즈는 내 몸이 지금 사용하고 있는 실행 안내서를 읽기 위해 근육 테스트를 사용할 것이라고 했다.

"당신의 잠재의식은 몸을 통해서 필요한 답을 제시해 줄 것입니다. 당신이 따라 할 일련의 말들은 내가 제공할 거예요. 그러면 전에 우리가 해 봤던 대로 당신은 팔을 쭉 뻗은 채로 그 말을 반복하는 거죠. 당신이 갖고 있는 프로그래밍의 다양한 측면을 전부 찾아내는 일은 시간이 좀 걸릴 겁니다. 그래서 우리는 이 작업을 몇 번에 걸쳐서 계속할 참이랍니다. 자, 이제 당신의 몸이 뭘 말해 주는지를 살펴보도록 할까요?"

그녀는 잠시 가만히 있다가 말했다.

"내가 '그대로 올리고 있으세요.'라고 말할 때마다 호흡을 참지 말고 내쉬고 들이마시는 것, 잊지 마세요. 그렇게 해야 내가 당신의 팔을 내리려고 할 때 이에 맞서서 동물적인 힘을 쓰지 않을 테니까요. 자, 내 말을 따라 해 보세요. 나는 내 삶에 일어난 일을 기꺼이 좋은 것으로 여긴다."

나는 그녀의 말을 따라 말했고, 로즈는 내 팔을 쉽게 내릴 수 있었다.

"보세요, 당신은 여기서 에너지를 잃고 있어요. 당신의 몸이 이 말을 믿지 않고 있다는 뜻이죠. 자, 그러면 이렇게 말해 보세요. 나는 모든 죄의식을 털어 내고 마음의 평화를 얻는다. 그리고 팔을 그대로 올리고 있으세요. 보세요, 팔이 다시 내려가 버렸잖아요. 이렇게 말해 보세요. 내 마음은 죄의식으로 가득 차 있다. 당신 팔이 얼마나 강하게 그대로 있는지 한번 보세요."

그녀 말이 맞았다. 정말이지 나조차 믿을 수가 없었다. 긍정적인 말들을 되풀이할 때마다 내 의지와는 상관없이 팔이 젖은 국수 가락처럼 축 처지곤 했던 것이다.

"그러면 이 문장들을 따라 해 보세요."

"나는 안전하고 보호받고 있다."

"나는 나 자신과 다른 사람들을 믿는다."

"나는 삶에서 좋은 것들을 얻을 수 있고, 충분히 그럴 자격이 있다."

"나는 나 자신과 다른 사람들에 대해 신뢰감을 갖고 있다."

"나는 나 자신과 다른 사람들을 받아들인다."

"나는 나 자신과 다른 사람들을 조건 없이 사랑한다."

이 문장들을 모두 말하는 동안 내 팔은 계속해서 아래로 처졌다. 로즈의 지시사항을 어기고 억지로 팔에 힘을 주기까지 했는데 말이다.

"게리, 당신은 이 문장들 중에서 어떤 것도 믿고 있지 않아요. 왜 그런지 아세요? 아주 일찍이, 이 같은 상황이 현실이 되도록 당신 스스로가 결정했기 때문이랍니다. 하지만 이것들이 돌처럼 강고한 것은 아니라는 점을 이해해야만 해요. 이 모든 것이 당신의 선택이란 것을 알아야 한다는 뜻이죠."

"어린아이였을 때는 뭔가 사건이 일어나면 스스로 그 사건의 의미를 결정한답니다. 예를 들면 당신은 아버지의 학대로 자신이 안전하지 않다고 결정해 버린 거죠. 그리고 그 결정은 당신의 삶에 어떤 색조를 입혔다고 할 수 있습니다. 두려워하면서 삶을 살게 만들었으니까요. 아이의 입장에서 보면 그 신념은 적절한 것일 수 있답니다. 특히나 당신처럼 폭력적인 가정환경에서 자란 경우에는 더 그렇죠. 아이인 당신에게는 자기 삶에 대해서 두려움을 가질 만한 이유가 충분히 있었다는 뜻입니다. 하지만 어른이 되어서는 다르답니다. 이제는 그 신념이 당신을 가로막고 있을 뿐이에요. 당신이 갖고 있는 가능성을 펼치지 못하게 하고, 고통을 가져오고 있다는 뜻입니다. 즉 당신은 두려움에 떨고 있는 어린아이의 눈으로 지금도 삶을 바라보고 있는 거예요. 낡고 고착된 시선으로 말이죠."

그녀가 하는 말이 충분히 이해될 것도 같았다. 마을의 그 꼬마가 자기 그림을 그토록 열린 마음으로 내게 보여 주었던 것이 계속 생각났다. 그 아이뿐만 아니라 다른 아이들 역시 모두들 웃고 떠들고 놀면서 살아가고 있었다. 자기들이 마을의 아주 중요한 일원이고, 사랑받는 존재라는 것을 절대적으로 확신하면서 말이다. 나도 그러고 싶어졌다. 그 아이들처럼 세포들 깊숙이 프로그래밍된 그런 믿음을 가지고 내 인생을 다시 시작해 보고 싶었던 것이다.

이런 생각을 하고 있는 나를 로즈가 가만히 바라보고 있었다. 주름진 그녀의 얼굴에 부드러운 연민의 빛이 떠올랐다. 나도 그녀의 시선을 마주 바라보았다. 문득 그녀 몸 주위에서 빛나는 밝은 빛을 볼 수 있었다. 이 마을에 처음 온 날 환영 잔치에서 보았던 둥근 빛의 고리와 비슷했다.

그녀가 고개를 끄덕이면서 다정하게 말했다.

"게리, 이렇게 말해 보세요. 나는 살고 싶다."

"나는 살고 싶다."

내가 따라 했다. 나는 정말로 다른 기회를 갖고 싶었다. 하지만 분하게도 내 팔은 다시 무너져 내렸다. 나는 좌절감에 가득 차서는 머리를 가로저었다.

"맞아요. 내가 왜 이런 말들을 정말로 믿지 못하는지, 어떤 점에서는 알 수도 있을 것 같아요."

내가 마지못해서 인정했다.

"하지만 마지막 말 있잖아요. 나는 정말로 살고 싶어요. 그런데 도대체 왜 모든 문장에서 내 몸이 그런 반응을 보이는 걸까요? 몇 년 전에 풋볼을 하다가 무릎을 다친 적이 있어요. 수술을 해야 했는데, 그때는 내가 다시는 깨어나지 않게 해 달라고 기도했어요. 그 당시 나는 정말로 죽고 싶었거든요. 하지만 지금은 정말로 살고 싶다고요."

"그 태도는 좋아요. 하지만 잠재의식적으로 당신이 정말로 무엇을 원하는지 한번 보도록 해요. '나는 죽고 싶다.'라고 말해 보세요."

"나는 죽고 싶다."

내가 따라 했다. 내 팔은 굳건하게 그대로 있었다.

"그렇다면 이 생각은 대체 어디에서 유래한 것일까요?"

내가 고민하면서 물었다.

"어쩌면 당신이 수태되었을 시기에 유래했을 수도 있어요."

로즈가 친절하게 이야기를 꺼냈다. 그녀는 깊게 숨을 들이쉬었다가 내쉬었다.

"좋아요. 당신이 말해야 하는 다음 문장은 좀 긴 문장이랍니다. 나는 나 스스로를 존경하고, 감사해하고, 인정하고, 잘 보살피고, 칭찬하고, 지지하고, 고마워한다. 팔을 그대로 들고 있으세요."

내 팔이 밑으로 처졌을 때 로즈도 같은 의견이었다.

"당신은 이것들 중 어느 것도 실제로 하지 않고 있어요. 이제 이 문장을 말해 보세요. 나는 이런 것들을 못하게 하는 모든 방해 행위들을 그만하겠다. 나는 자신에 대해 높은 자부심이 있고 좋은 이미지를 갖고 있다."

또다시 팔이 아래로 떨어졌다.

"이것도 믿지 않고 있어요. 이 문장을 말해 보세요. 나는 모든 부끄러움과 굴욕감을 떠나보내겠다. 나는 감정적인 조화가 잘 이루어진 사람이다."

내 팔은 이 두 문장에도 그대로 무너져 내렸다.

"그러면 이렇게 말해 보세요. 나는 성공이나 실패에 대한 두려움이 없다. 팔을 그대로 들고 있으세요. 팔이 무너지네요. 이것도 안 믿고 있는 거죠."

"정말이지 너무 이상해요. 거기에 다른 게 있을 리가 없는데 말이죠. 나는 정말 애쓰고 있어요. 하지만 팔을 들고 있을 수가 없네요."

로즈는 고개를 끄덕이며 이렇게 말했다.

"의식의 차원에서 당신은 긍정적인 문장들이 사실이길 원하고 있습니다. 그러나 이미 프로그래밍되어 있는 당신은 그것들이 사실이 아니라는 점을 알고 있는 거죠. 우리는 지금 당신의 몸이 사실이라고 믿고 있는 게 무엇인지를 탐구하고 있다는 점을 기억하세요. 또한 당신의 모든 세포들 속에 새겨져 있는 신념 체계를 알아보고 있다는 점도요. 그 정보는 잠재의식 수준에서 나온답니다. 이제 당신이 다발성 경화증에 대해서 뭘 믿고 있는지를 알아봅시다. 이렇게 말해 보세요. 나는 나 스스로가 이 다발성 경화증을 받아들이고 사랑하도록 허락한다. 팔을 그대로 들고 있으세요."

내가 그 말을 하자마자 팔은 금방 무너져 내렸다.

"그렇다면 이것이 당신이 배워야 할 일인 것 같군요." 로즈가 제안했다.

"병을 사랑하는 법을 배울 필요가 있다고요?"

내가 물었고, 그녀는 단호하게 대답했다.

"그래요. 당신은 그것을 사랑하고 받아들일 필요가 있답니다. 그런 다음에야 그것을 떠나보낼 수 있으니까요."

너무나 거창한 주문인 것 같았다. 나를 장애인으로 만들어 버린 이 병을 내가 사랑해야 한다고? 나를 마비시키고 죽음이 가까이 왔다고 위협한 이 병을? 어떻게 내가 그걸 받아들이고 사랑할 수 있을지 알 수가 없었다. 하지만 나는 스스로에게 단언하듯 말했다.

"나는 기꺼이 해 볼 거야. 지금 내가 할 수 있는 일이라고는 그것밖에 없으니까. 그러니 나는 기꺼이 해 볼 거야."


언제나 그렇듯 밤에 딱딱한 침대에 누우면 그날 배운 것들이 내 마음속을 가득 채웠다. 나는 침대에 누워 오지의 캄캄한 밤하늘을 바라보았다. 별들이 밝게 빛나고 있었다. 오늘 아침 로즈와 치유 과정을 시작할 때는 나를 작동하게 하는 실행 안내서가 무엇인지 몹시도 알고 싶었다. 즉 내 삶을 위해서 쓰인 대본이 무엇인지 굉장히 궁금했던 것이다. 그런데 막상 알고 나니 그것은 끔찍한 진실이기도 했다. 무언가 깨달음을 얻기도 했지만 말이다.

이제까지 내 삶은 부끄러움과 죄의식을 기반으로 해서 흘러가고 있었다. 나 스스로에 대해서도 아무런 신뢰가 없었다. 나 자신을 인정하고 있지도 않았고, 감사해하지도 않았다. 성공과 실패 모두를 두려워하고 있었다. 게다가 정말로 살고 싶지 않았던 것이다.

이 시나리오에서 유일하게 밝은 점은 새로운 프로그램을 쓸 수 있다는 점이었다. 새롭게 변한 주인의 실행 안내서를 만들 수 있다는 점이었다. 그날 밤 잠 속으로 서서히 떠내려가면서 나는 마음의 눈으로 그것을 볼 수 있었다. 찢어지고 더러워진 낡은 실행 안내서가 쓰레기통에 들어 있다. 그리고 깔끔하게 인쇄된 새로운 실행 안내서가 내 손에 들려 있었다. 제목도 읽을 수 있었다. 게리 홀츠의 실행 안내서. 부제는 이러했다. 개정판, 새로워지고 향상되었음.

나는 미소를 지으면서 잠에 빠져들었다.

9장

# 상처받은
# 내면 아이와의 화해

다음 날 아침에 일어나 보니 기분 좋고 놀라운 일이 벌어지고 있었다. 바로 비가 오고 있었던 것이다. 그토록 많은 날 동안 건조하고 먼지 가득한 더위가 계속되더니, 드디어 비가 내리고 있었다. 바싹 시들어 버린 내 몸의 모든 세포가 마치 이 습기라는 선물을 받아들이려고 활짝 열리는 것 같은 느낌이 들었다. 오두막 바깥으로 나간 나는 얼굴을 들고서 차분하게 떨어지는 빗방울을 맞았다.

마을 사람들은 떠들썩하고 부산하게 움직였다. 그러다가 대부분이 다시 조용한 침묵에 빠져들었다. 그들은 물을 저장하는 저수조에 빗방울을 모으려고 방수포를 적절한 장소에 펼쳐 놓았다. 이 물은 나중에 씻고 요리하는 물로 쓰일 터였다. 대부분의 사람들이 최소한으로 걸쳤던 옷조차 벗어 버린 채 이 공짜 샤워의 기회를 맘껏 즐겼다.

"잘 잤나요, 친구?"

윗도리를 벗은 채 팔뚝을 문지르면서 레이가 천천히 다가왔다. 빗방울들이 철사처럼 뻣뻣한 그의 머리카락과 매끈한 얼굴에 방울방울 떨어지고 있었다.

"아름다운 날이네요."

나는 고개를 끄덕이면서 손바닥에 빗방울을 담아 그에게 들어 보였다. 마치 여기에 감사해야 할 또 다른 것이 있다고 생각하는 것처럼 말이다. 그리고 레이가 종종 날리곤 하는 명쾌하고 알찬 삶에 대한 교훈의 말을 기다렸다.

'당신은 이미 그걸 얻었어요, 게리.'

나는 이 대답을 분명히 마음속에서 들었고, 레이는 입술을 떼지도 않았다. 나는 깜짝 놀란 채 그를 쳐다보았다. 그는 그저 빙긋 미소를 지으며 고개를 끄덕였을 뿐이었다. 그런 다음 내 뒤로 걸어와서는 나를 로즈의 치유 오두막으로 데려갔다.

며칠 동안 로즈와 나는 내 현재의 신념 체계, 지금 나에게 작동하고 있는 프로그래밍을 계속해서 탐색했다. 그러던 어느 날 아침 로즈는 손에 한 묶음의 종이를 들고 왔다. 그러고는 프로그램을 다시 짜는 과정을 시작할 시간이라고 알려 주었다.

"다루어야 할 것들이 아주 많아요. 하지만 그것들 모두를 따라 하라고 요청하지는 않을 겁니다. 시간이 너무 오래 걸리기 때문이죠. 당신이 글로 쓰인 것을 신뢰하는 서구 문화권 출신의 사람이기 때문에, 당신의 신념 체계를 테스트하는 데 알맞은 문장들을 고안해서 몇 장의 종이에 써 왔어요. 만일 당신이 이 마을 출신이라면 나는 당신과 텔레파시로 작업했을 것이지만 말이에요."

"텔레파시로요?"

나는 그녀를 뚫어지게 바라보았다. 그것은 단지 나만의 상상이 아니었다. 나는 정말로 레이의 대답을 '들었던 것'이다.

'맞아요, 게리'

그리고 이제는 로즈의 '목소리'가 내 머릿속에서 들려왔다. 나는 정신을 집중하면서 그 말에 초점을 맞추려고 애써 보았다. 하지만 그 말은 차차 엷어지면서 사라져 버렸다. 나는 레이 쪽을 쳐다보았다. 이번 수업에 그는 우리와 같이 앉아 있었던 것이다. 그는 벽에 등을 기대고 편안히 앉아서 눈을 감고 있었다. 자기만의 세계 속으로 떠나 있는 것처럼 보였다.

로즈가 미소를 지었다.

"당신은 텔레파시를 듣기 시작했어요, 게리. 이 마을 사람들이 소통하는 주된 방법은 큰 소리로 이야기하는 것이 아니랍니다. 아직 당신은 그렇게 하지는 못해요. 하지만 곧 그렇게 될 거예요. 자, 지금은 말로 하는 치유 과정을 계속할 거랍니다."

그녀는 뭔가가 쓰인 종이 한 묶음을 꺼냈다.

"당신은 이 종이들을 그저 힐끗 보기만 하세요. 그것들을 읽어야 할 필요는 없어요. 그냥 그것들에 눈길을 던지기만 하세요. 그러면 당신 마음은 그것을 전체로 받아들일 거예요. 마치 당신이 사진을 찍고 있는 것처럼 하면 돼요. 나는 이 작업을 '궁극의 속독법'이라고 부르죠. 자, 그것들을 힐끗 보고 팔을 들고 있으세요."

그녀가 내 팔을 누르자 또다시 무너져 내렸다.

"이것들 중 어느 것도 믿고 있지 않군요. 당신은 여전히 나에게 저항하고 있어요." 그녀가 자기 의견을 말했다.

"나는 당신에게 저항할 의도가 없어요."

나는 아직도 마음이 혼란스럽고 어질어질 한 상태였다. 내가 텔레파시로 소통하는 법을 배울 수 있다는 점이 드러났기 때문이었다. 또한 긍정적으로 생각하려고 어찌나 열심히 노력했던지 땀방울들이 내 얼굴로 굴러떨어지고 있었다.

"다음에 이어질 문장들은 다발성 경화증과 관련이 있는 것들이랍니다."

언제나 그랬듯이 로즈는 나에게 약간의 느슨함도 허락하지 않을 모양이었다.

"이렇게 하지 않고 각각의 문장들을 하나씩 테스트하다 보면 시간이 너무 오래 걸려요. 그래서 내가 당신에게 이 문장들을 그냥 읽어 줄게요. 그런 다음 읽기가 다 끝나면 마지막 몇 개를 테스트할 거예요. 이것은 당신을 나타내 주는 프로그램입니다. 이따금 내가 몇 가지를 반복할 수도 있어요. 왜냐하면 내가 모든 것을 다 다루고 있는지를 확인하고 싶기 때문이랍니다."

그녀는 목록을 읽어 내려가기 시작했다.

"나는 나 자신과 다른 사람 사이에 소통이 자유롭게 일어나도록 마음을 열어 놓기를 나 스스로 허락한다."

"나는 나 자신이 사랑, 기쁨, 평화, 자유와 소통할 수 있도록 나 스스로 허락한다."

"나는 나의 다발성 경화증을 받아들이고 사랑하는 것을 나 스스로 허락한다."

"나는 내 영혼이 다발성 경화증을 놓아주도록 나 스스로 허락한다."

그녀는 머리를 기울이며 나를 찬찬히 살펴본 다음에 말을 계속해 나갔다.

"다음 것들은 직접 테스트해 보기로 합시다. 따라 해 보세요. 나는 모든 문제를 놓아준다… 마음의 견고함과 관련해서… 굳은 마음으로… 적절하지 않은 강철 의지로… 유연하지 못하게… 그리고 다발성 경화증에 관해서 두려워하는…"

이 문장들을 로즈가 말하면 나는 열심히 따라 했다. 하지만 그녀가 내 팔을 누르기만 하면 여전히 팔이 무너져 내렸다.

"이런, 제기랄!" 갑자기 내 입에서 이 말이 터져 나왔다. "왜 내가 이걸 받아들일 수 없는 걸까요? 정말 열심히 노력하고 있는데도 말이죠."

레이가 갑자기 몸을 똑바로 세우더니 눈을 떴다. 나를 격려하는 미소를 지으며 "모두가 선택에 관한 겁니다, 친구. 당신은 그런 식으로 선택하고 있는 거예요."라고 조언해 주었다.

"다른 식으로 표현해 볼게요. 우리는 특정한 방식으로 느끼도록, 그리고 특정한 신념들을 갖도록 스스로에게 허락하고 있답니다. 어느 누구도 특정한 방식으로 행동하고, 생각하고, 느끼라고 당신에게 강요하지 않아요. 그러므로 당신은 사랑스럽고 기쁨에 찬 생각들을 하기로 선택할 수 있어요. 쉽고 자유롭게 선택을 내릴 수 있다는 뜻이랍니다."

"하지만 어떻게요?"

내가 항변하듯이 말했다.

"우리가 하고 있는 것이 바로 그것입니다. 당신의 프로그램이 어디에서 왔는지를 알아보는 과정이죠. 자, 그러면 이 문장들을 잘 들으세요."

"나는 사랑스럽고, 즐겁고, 자유롭고, 편안한 삶과 세상을 창조하도록 나 스스로 허락한다."

"나는 다발성 경화증을 놓아주고 안전하고 자유롭게 느끼도록 나 스스로 허락한다."

"나는 내 신경체계와 관련된 모든 문제를 떠나보내도록 나 스스로 허락한다. 내 삶과 몸에서 일어나는 과정과 소통하도록 나 스스로 허락한다."

"나는 나 자신과 다른 사람들로부터 오는 모든 소통의 신호에 열린 마음과 수용적인 태도를 갖도록 나 스스로 허락한다."

그녀가 말을 멈췄다.

"이제 이 문장들을 가지고 테스트를 해 봅시다. 자, 팔을 그대로 올리고 있으세요."

이번에는 내 팔이 툭 무너져 내리기보다는 아주 잠깐 그대로 있었다.

"좋아요, 게리. 힘이 점점 더 강해지고 있네요. 전에도 말했지만 모든 신경 세포들은 서로 소통하고 있어요. 그렇기 때문에 이와 관련된 몇 가지 프로그래밍 문장들을 당신이 잘 들었으면 합니다."

그녀는 일련의 단호한 문장들을 다시 말했고, 다음과 같은 문장으로 끝을 맺었다.

"나는 내 면역 체계가 내 신경계를 공격하고 파괴해서 다발성 경화증을 만들어 냈던 필요성을 떠나보낸다."

"나는 마음을 열고 나 자신, 다른 사람들, 그리고 내 몸과 오로지 사랑에 찬 소통이 이루어지도록 나 스스로 허락한다."

다시금 내 팔이 좀 더 강해진 게 느껴졌다.

"내 신경 세포들이 내가 의사소통하는 방식과 중요한 관계를 맺고 있다고 말씀하셨는데, 그게 무슨 뜻입니까?"

내가 물었고 로즈는 이렇게 답했다.

"모든 자가 면역 질환은 잘못된 소통 방식과 관계가 있답니다. 다발성 경화증이 특히 더 그렇지요. 왜냐하면 그 병은 면역 체계가 신경 시스템을 공격해서 생긴 병이기 때문입니다. 또 그 면역 체계가 당신의 뇌, 내부 기관들, 세포들 간에 소통 물질을 전달하는 연결선들을 공격해서 생긴 것이기도 하고요. 이것은 마치 어른이 된 당신의 자아가 아이 때의 자아를 부적당하다면서 학대하는 것과 같답니다. 그것이 바로 우리가 당신의 프로그램을 다시 만들어야 하는 이유입니다. 그래야 당신이 이런 유형의 학대를 자신에게 가하지 않을 테니까요. 그럼 이 문장을 잘 들으세요."

"나는 스스로와 다른 사람이 잔인하고, 이기적이고, 무관심하다고 믿을 필요성을 떠나보낸다."

"나는 나의 가족, 아버지, 어머니, 그리고 내 인생의 모든 다른 사람을 향해서 품었던 공격적인 원한을 떠나보낸다."

"나는 나를 돌봐 주는 다른 사람에게 의존하면서 미성숙하고 유치해질 필요성을 떠나보낸다."

"마지막 문장을 테스트해 봅시다. 팔을 든 채로 이렇게 말해 보세요. 나는 미성숙하고 책임을 회피하고 있다."

"나는 미성숙하고 책임을 회피하고 있다."

내가 따라 했다. 내 팔은 굳건하게 그대로 있었다. 내 안에서 슬픔의 감정이 솟아올랐다.

"아주 강한 반응이군요."

로즈가 관찰한 바를 말해 주었다. 그녀는 내가 괴로워하는 것을 알아차린 것 같았다.

"당신은 어린 시절에 겪은 아버지의 양육 방식 때문에 아버지로부터 이 프로그램을 가져온 것이랍니다. 왜냐하면 당신의 아버지는 당신더러 책임 있게 굴라고 가르치지 않았고, 자신 역시 무책임하게 행동했기 때문입니다. 이것이 당신 안에 깊이 자리하고 있는 프로그램입니다. 그런데 의식의 차원에서 지금 당신은 책임을 지고 싶어 합니다. 하지만 더 깊은 차원에서는 아직 이를 거부하고 있는 거죠."

"정말인가요?"

나도 모르게 무심코 말이 나왔다.

"일종의 싸움과 같은 것이랍니다. 당신의 마음은 당신이 책임감 있는 인간임을 알고 있습니다. 하지만 내면에 있는 꼬마 아이는 이렇게 말하고 있어요. '나와 나 자신의 삶을 돌보는 일을 책임지고 싶지 않아.'라고요."

"자, 이제 이 말을 따라 해 보세요. 나는 어른의 세계에서 살아가는 데 필요한 것들을 준비하지 못한 것에 대한 억압된 분노와 두려움을 모두 떠나보낸다. 그리고 팔을 들어 보세요. 당신의 반응이 얼마나 약한지 한번 보세요. 당신은 어른의 세계에서 살 준비를 하지 않았습니다. 그래서 이에 대한 불쾌감이 내면에 자리잡고 있는 거죠. 당신 내면에서는 이렇게 말하고 있어요. '난 어른이 되고 싶지 않아!' 이런 문제들 모두가 당신이 다발성 경화증에 걸리는 데 일조했답니다."

"당신이 하는 말을 듣고 있기는 하지만, 믿기가 너무 어렵군요." 내가 애를 쓰며 말했다.

"그래요. 그럴 거라고 생각해요. 하지만 지금 이 감정들을 잘 깨닫게 되면 치유를 시작할 준비가 된 것이랍니다. 우리는 당신을 다시 프로그래밍하고 있어요. 당신의 내적인 자아가 어른 세계에서 살아갈 수 있는 진짜 어른이 되고, 또 책임지고 살아갈 수 있는 충분한 능력을 갖추도록 하기 위해서죠."

그녀가 격려하는 시선으로 나를 바라보았다.

"좋아요. 이것을 해 봅시다. 따라 해 보세요. 나는 성장하는 일, 스스로와 다른 사람들을 책임지는 일에 대해 쌓아 놓은 분노, 원망, 두려움을 떠나보낸다. 이것은 어른으로서 필요한 모든 것을 해내고, 다른 사람들에게 의존하는 것을 포기한다는 의미이다."

이 문장에 대한 나의 반응이 좀 더 강해졌다. 기분이 점점 나아지기 시작했다.

"게리, 독립적인 것과 상호의존적인 것 사이에 어떤 차이가 있는지 아세요? 우리 모두가 도달하고 싶어 하는 최종 위치는 상호의존적이 되는 것이랍니다. 젊었을 때 우리는 독립적인 것을 배웁니다. 인생을 겪어 나가면서 스스로에게 이런 식으로 계속 행동해야 한다고 말한답니다. 이런 믿음 때문에 우리 안에 있는 어린아이가 몹시 반발하는 것이랍니다. 독립적인 사람은 항상 스스로 뭔가를 해 나가길 원합니다. 만일 누군가 그를 도와주고 싶어 하면, 그는 이렇게 대답하죠. '나 혼자 할 수 있어요.' 그런데 진실은 이렇답니다. 우리는 다른 사람들의 보살핌과 지원, 배려를 받아들일 수 있어야 합니다. 그것이 바로 상호의존성이에요. 독립적일 수 있는 능력을 유지하면서 동시에 다른 이들의 보살핌을 받아들이는 것 말이에요."

그녀가 하는 말이 이해가 되었다. 그 점을 깨닫지 못한 채 보낸 내 삶은, 감정적으로 다른 사람에게 의존하지 않으려고 엄청나게 애를 썼던 세월이었기 때문이다. 다른 사람에게 의존한다는 것은 안전하지 않은 일이었다. 내 가족과 내가 자라난 환경이 나에게 그렇게 가르쳤다. 내 자신의 두 발로 서 있을 수 있어야 안전하다고.

갑자기 어떤 생각이 뇌리를 스쳤다. 바로 이런 이유 때문에 내 친구들과 가족들이, 심지어 전처까지도 나와 함께 호주에 오려고 하지 않았던 것이구나. 그 일 때문에 나는 아주 많은 시간 동안 혼자서 무척이나 외롭고 속상한 나날을 보냈다. 하지만 진실은 이러했다. 내 삶에는 나와 진정으로 가깝다고 할 수 있는 사람이 없었던 것이다. 즉 나는 그들과 진실로 가까운 관계를 맺지 못했다. 로즈가 이렇게 말을 건네면서 생각에 푹 빠져 있는 나를 일깨웠다.

"좋아요, 게리. 그러면 이 문장들을 따라 해 보세요."

"나는 아이였을 때 배우기 시작했던 의존 사이클을 이제는 완결하도록 나 스스로 허락한다."

"나는 사랑, 편안함, 자유, 즐거움을 지닌 어른의 삶을 받아들이도록 나 스스로 허락한다."

"나는 아이로서나 어른으로서 안전하다고 느끼며, 책임질 줄 알고, 상호의존성과 독립성을 모두 느끼도록 나 스스로 허락한다."

"나는 해결되지 않은 문제들, 의존의 감정들, 그리고 부적당하다는 감정들에 마음을 열고, 받아들이고, 해결하도록 나 스스로 허락한다."

"나는 내 안에 있는 어른이, 내 안에 있는 어린아이를 사랑하고, 받아들이고, 꺼안을 수 있도록 나 스스로 허락한다."

그녀가 분명한 어조로 말했다.

"이것은 당신 내면의 꼬마와 당신이 파괴적이며 부정적인 싸움을 계속하지 않도록 막아 줄 것입니다."

그녀는 그 목록을 계속 따라 하게 했다.

"나는 신경계통의 장애들과 결핍들을 갖고 있을 필요성을 떠나보낸다."

"나는 어린아이였을 때나 어른이 된 지금, 마음이 가난하고 버림받은 느낌을 가질 필요성을 떠나보낸다."

"나는 미래에 대한 두려움과 스스로를 어떻게 돌봐야 할지에 대한 모든 두려움을 떠나보낸다."

"나는 모든 한계와 경계를 지워 버리도록 나 스스로 허락한다. 그게 스스로 정한 것이든 어릴 때 부모, 가족, 혹은 다른 사람들에 의해 정해진 것이든 간에, 한계들을 지워 버리도록 나 스스로 허락한다."

비록 이 진술들 모두에 내 팔을 전부 다 들고 있지는 못했지만, 어떤 것들을 말할 때는 좀 더 강해졌다는 것을 느꼈다. 그 사실이 내게 약간의 용기를 북돋워 주었다.

"이제 이걸 해 봅시다."

로즈가 가차 없이 제안했다.

"나는 나의 미엘린 수초가 내 신경계에서 사라질 필요성을 떠나보낸다."

내 팔이 떨리면서 흔들리다가 아래로 내려갔다.

"이것이 내가 다발성 경화증을 만들어 낸 방식입니까?"

내가 물었고 그녀가 대답했다.

"네, 그래요."

"그리고 지금 내가 돌려놓고 싶어 하는 것이 그 미엘린 수초라는 것이죠? 맞나요?"

"맞아요. 이걸 따라 해 보세요. 나는 미엘린 수초가 재생하도록 나 스스로 허락한다. 나는 스스로를 마비시킬 필요성을 떠나보낸다."

"이게 정말로 가능할까요?"

내 안에 있던 물리학자가 마지막 안간힘을 쓰면서 자기 모습을 드러내고 있었다.

"내가 해야만 하는 일이라고는 단지 그것을 말하는 것뿐인가요? 그러면 그것이 정말로 일어나나요?"

"그저 긍정적인 진술들을 앵무새처럼 따라 하는 것만으로는 당신의 프로그래밍을 바꿀 수 없어요." 로즈가 설명했다. "정말로 믿어야만 한답니다. 당신의 온 영혼을 기울여서 이 긍정적 진술 뒤에 숨어 있는 메시지들을 믿어야 해요. 또한 나날의 일상에서 이 메시지대로 살아야만 해요. 이 재프로그래밍이 진짜가 될 때까지 말입니다."

그날의 치유 과정을 마칠 즈음에 로즈는 그날 배운 것들의 핵심 내용을 요약해서 정리해 주었다.

"이것은 좋은 소식이기도 하고, 나쁜 소식이기도 하답니다. 몸은 나쁜 소식을 기억을 하고 있고, 그것을 사실로 여기고 붙들고 있을 것이라는 거죠. 심지어 의식적인 마음은 그렇게 생각하지 않는데도 말입니다. 좋은 소식은 몸이 새로운 진실이라고 여길 수 있는 새로운 기억들을 당신이 만들어 낼 수 있다는 점입니다."

외딴 오지에서의 나머지 치유 과정은 대부분 이와 같은 개념에 기초를 두고 이루어졌다. 내 생각과 감정이 세포 수준에서 내 몸에 영향을 끼쳤다는 것은 반박할 수 없는 사실이며, 내 건강에 도움이 되지 않는 것들을 의식적으로, 그리고 질서정연하게 뽑아 버릴 수 있느냐 없느냐는 나에게 달린 것이라는 개념이었다. 다른 말로 하자면 나 자신을 '재프로그래밍하는 일'에 내가 책임을 져야 한다는 이야기였다.

이것은 너무나 힘든 배움이었다. 하지만 나에게 희망을 주는 유일한 것이기도 했다. 만약 내 생각들이 정말로 병을 만들어 냈다면, 새로운 생각들이 나를 건강하게 해 줄 수도 있을 터였다. 나는 그런 일이 일어나게 하겠다고 마음먹었다.

# 10장

# 영혼의 소리를 듣다

다음 날 눈을 뜨니 온통 난리였다. 밖에서 사람들이 소리치며 뛰어다니고 있었던 것이다. 뭔가가 부서지는 큰 소리가 들렸는데, 쌓아 놓은 장작들이 부서지는 것 같았다. 긴급한 외침 소리도 들렸다. 나도 서둘러 휠체어에 올라타고는 오두막 입구 쪽으로 나가 보았다.

사람들이 떼를 지어 몰려다니는 게 보였다. 뭔가를 가리키고, 알아들을 수 없는 소리들을 질러 대고 있었다. 평소에는 평온하고 조용한 마을인지라 이 소리들이 더욱 놀랍게 느껴졌다. 날카로운 창을 든 세 명의 남자가 빠르게 내 오두막 앞을 지나쳐 갔다. 나도 밖으로 나가서 목을 길게 빼고 주위를 둘러보았다. 붉은 흙먼지를 일으키고 있는 어떤 동물을 향해 사냥꾼들이 전속력으로 돌진하고 있는 게 보였다. 여자들과 아이들이 날카로운 비명을 지르면서 한쪽으로 비켜나거나 오두막들 뒤로 숨었다.

"안으로 들어가세요. 친구!"

레이였다. 그는 서둘러 내 쪽으로 달려와서는 휠체어를 오두막 안으로 밀고 들어가려고 했다. 나는 이 흥분의 원인이 뭔지를 정확히 보려고 힘껏 몸을 돌렸다. 그것은 야생 멧돼지였다. 거무스레한 몸집에 빳빳한 털이 달려 있었고, 길고 징그러워 보이는 구부러진 송곳니가 있는 놈이었다. 어쨌든 나는 그게 무엇인지를 보았기 때문에 레이가 나를 안으로 데려가도록 내버려두었다.

레이는 숨을 헐떡이고 있었다.

"야생 멧돼지랍니다. 그놈 때문에 일이 엉망진창이 되는 것은 원치 않겠지요, 게리."

나는 슬쩍 찔러 보듯이, 동시에 조금은 비꼬는 투로 말하지 않을 수 없었다.

"그러니까 결국 저 밖에는 위험한 야생 동물이 있긴 있었군요? 그저 웃는물총새만 있는 게 아니라는 거죠?"

'아주 재미있군요.' 내 머릿속으로 그의 목소리가 들려왔다. 그는 머리를 가로저으며 말했다.

"세상은 여전히 저 밖에 있습니다. 친구. 이런 일이 그리 자주 일어나지는 않죠. 하지만 이런 식으로 보는 건 어때요. 사냥꾼들이 저 멧돼지를 잡으면 우리는 맛있는 음식을 차려 놓고 잔치를 벌일 겁니다."

굼벵이들을 먹는 것보다야 분명 낫겠지. 내가 생각했다.

레이가 빙긋 미소를 지었다. 우리는 당신에게 좋은 영향을 미치는 중이랍니다, 친구.

그 이후로 며칠 동안 로즈는 나를 프로그래밍하는 작업을 계속했다. 잠재의식 차원에서 내가 붙들고 있었던 파괴적인 신념들을 들여다보고, 그것들을 건강과 활력을 지원해 주는 신념들로 대체하는 작업이었다.

그 외의 시간에는 배운 것들을 연습하면서 보냈다. 나는 모든 것이 연결되어 있다는 사실을 점점 더 많이 깨닫게 되었다. 기꺼이 하려는 마음이 훨씬 많이 생겨났고, 더 많이 알아차리게 되었으며, 더 많이 받아들이게 되었다. 또한 내가 만들어 냈던 내 삶의 모든 것을 책임지기 시작했으며 내가 원하는 좋은 것들에 관심의 초점을 맞추기 시작했다. 끌어당김의 법칙을 활성화하기 위해서였다.

나는 실행 안내서에 담긴 문장들도 매일매일 소리 내어 반복했다. 근육 테스트를 할수록 문장에 반응하는 내 힘들이 점점 더 강해지긴 했지만, 다발성 경화증이 어떤 식으로든 나아지고 있다는 조짐은 보이지 않았다. 그럼에도 불구하고 나는 내가 진실로 축복받은 사람이라고 느꼈다. 왜냐하면 예전에는 결코 알지 못했던 마음의 평화를 찾아냈기 때문이다. 나는 마을 사람들과 함께 조용히 앉아 별로 대단치 않은 바위나 마른 덤불을 응시하면서 시간을 보내곤 했다. 이 명상을 연습하면서 나는 내가 서로 긴밀하게 이어진 그물망에 연결되어 있다고 느끼기 시작했다. 일전에 마을의 꼬마 아이가 나에게 보여주고, 나더러도 그려 보라고 했던 그런 그물망이었다.

나는 인내심을 배워 가고 있었다. 치유는 신의 스케줄에 따라 일어날 것이고, 나는 기꺼이 그것을 기다릴 참이었다. 또 눈으로 볼 수 있거나 논리적으로 측정할 수 있는 것 너머에, 어떤 힘들이 존재한다는 느낌이 내 안에서 점점 자라나고 있었다. 그 힘들이 나를 치유하는 일을 돕기 위해 활발하게 움직이고 있다는 느낌도 나날이 커져 갔다. 이 느낌은 사실 이 마을에 도착한 날 저녁에 있었던 환영 잔치 때부터 시작되었다. 마음을 사로잡는 디제리두의 소리를 처음 들었을 때부터 말이다.

호주에 오기 전까지 나는 디제리두란 악기를 한 번도 본 적이 없었다. 여기 이 내륙의 오지로 떠나오기 전에 잠시 들렀던 레이의 아파트에서 나는 그것을 처음 보았다. 레이의 아파트 구석에 뭔가 구부러진 물건이 기대어 있었던 것이다. 길이는 대략 3미터 정도였고, 지름은 15센티미터 정도 되었다. 마치 큰 나뭇가지를 구부려서 만든 것처럼 보였다.

"이게 뭔가요?"

"디제리두라고 합니다. 일종의 악기지요. 깊게 울리는 저음의 소리가 난답니다."

"한번 연주해 주실 수 있나요?"

그 악기에 매료된 내가 물었다.

"유감스럽게도 그럴 수 없습니다, 이것은 다른 사람 것이에요. 내 친구의 것이랍니다. 이 악기는 그를 위해서만 만들어졌어요. 이걸 그에게 전해주려고, 잠시 여기에 둔 것뿐이에요."

"이 악기를 당신이 불면 그가 싫어할 게 확실합니까?"

내가 물었다. 억지를 쓰고 있다는 것을 알았지만, 나는 정말로 그 소리를 듣고 싶었다.

"글쎄요, 문제는 당신에게 연주해 주지 못한다는 게 아닙니다. 나는 당신을 위해서 그 악기를 연주할 수가 없답니다. 그러니까 어떤 사람이 디제리두를 만들 때, 그는 자기 영혼의 일부를 그 안에 넣어 둔답니다. 그 영혼의 일부는 그 디제리두에 계속 남아 있고, 그것을 받을 사람에게도 계속 남아 있습니다."

"뭐, 당신은 기념품 가게에 가서 수많은 디제리두 중 하나를 살 수도 있습니다. 하지만 그것은 이 디제리두와는 다릅니다. 그런 곳에서 산 것은 사실 이것보다 훨씬 근사해 보인답니다. 모두 곧게 뻗어 있거든요. 반면에 이것은 심하게 구부러져 있지요. 하지만 진짜 디제리두를 만드는 데는 몇 년씩 시간이 걸리기 마련입니다. 특정한 나무들만이 재료로 쓰일 수 있고, 어떤 의례를 따라서 만들기 때문이죠. 그렇게 만들어진 디제리두는 오직 한 사람만이 사용할 수 있답니다."

그때 나는 실망했지만 오히려 그것이 다행이었다는 것을 알게 되었다. 이 오지의 외딴 마을에 도착한 직후에 나는 디제리두의 소리를 들을 수 있는 특권을 얻었으니 말이다. 그 소리는 마치 여기서의 치유 과정이 나를 사로잡을 것이라는 사실을 미리 보여 주는 것 같았다. 사람의 마음을 잡아끄는 듯한 그 목관악기의 소리가 허공을 가득 채울 때, 지극히 평화로운 연결의 느낌이 나를 사로잡았기 때문이다. 또 그 순간 나는 마을 사람들 주위에서 환히 빛나고 있는 오라를 얼핏 보기도 했다.

생각해 보면 그것이 나에게 나타난 첫 번째 표시였다. 눈에도 안 보이고 귀로도 들을 수 없지만 실제로 존재하는 것들이 분명히 있음을 보여 주는 표시 말이다. 두 번째 표시는 레이의 이상한 습관이었다. 그는 그 자리에 없는 누군가와 끊임없이 대화를 나누는 습관이 있었다. 그는 그 누군가를 자신의 '안내자'라고 불렀다. 그는 나와 함께 있을 때도 내 왼쪽이나 오른쪽 어딘가를 올려다보곤 했다. 마치 뭔가 중요한 이야기를 듣고 있는 사람의 모습이었다. 그러다가 결국 어느 날, 나는 그에게 지금 무엇을 하고 있느냐고 물었다.

"당신을 보호하는 영적 안내자의 이야기를 듣고 있습니다. 일종의 수호천사라고 할 수 있지요."

"나한테 수호천사가 있다고요? 지금 교회의 주일학교에서 이야기하는 그 천사를 말하고 있는 겁니까?"

내가 농담을 던졌다.

"그게 어째서 당신이 놀랄 일입니까? 당신네 문화에서는 어릴 때부터 사람들 각자에게 수호천사가 있다는 이야기를 들으면서 자라지 않나요? 필요할 때마다 그 천사들이 자신들을 지켜 준다고 말이죠."

"그건 그래요. 하지만 어른이 되어가는 시기가 오면 눈에 보이지 않는 존재들에 대해 더는 이야기하지 않아요. 그때가 되면 천사들은 동화의 영역 속으로 사라져 버린답니다."

"글쎄요, 만약 미국에서 나오는 모든 베스트셀러들과 브리즈번에서 내가 본 TV 프로그램을 믿을 수 있다면, 그 천사들은 나중에 다시 돌아오는 것처럼 보이더군요, 친구."

레이는 잠시 조용히 있었다. 마치 누군가의 이야기를 듣고 있는 것 같았다.

"하지만 당신네 문화에서는 천사들이 정말로 무엇 때문에 존재하는지를 제대로 이해하지 못하는 것 같더군요. 당신들은 대개 천사를 물리적인 방식으로 우리를 대신하고 중재하는 존재로만 보고 있어요. 절벽에서 떨어지거나 자동차 사고가 났을 때, 우리를 구해 주는 존재 같은 것으로 말이죠. 반면에 우리 부족 사람들은 천사를 현명한 선택을 하도록 우리를 도와주는 영적인 안내자로 여긴답니다.

이 영적 안내자는 모든 사람의 인생에서 중요한 역할을 하고 있습니다. 특히 영적으로나 육체적으로 치유가 필요한 사람들에게는 더욱 더 그렇습니다. 당신이 일단 당신의 영적 안내자와 연결이 되면, 이 존재는 살아가는 내내 온전히 당신 존재의 일부가 될 겁니다. 당신의 안내자는 지난 43년 동안이나 인내심 있게 당신을 만나기를 기다리고 있었거든요."

"하지만 왜 우리는 좀 더 일찍 만나지 못했을까요? 나에게 개인적인 천사가 정말로 필요했을 때 말입니다."

"그런 질문들은 나보다는 당신의 그 천사에게 물어보는 게 더 낫지 않을까요?"

"내가 그럴 수 있다는 뜻인가요? 지금 당장?"

"당신이 준비가 되면 언제든지요."

레이가 자신 있게 말했다.

"당신이 알고 싶은 것이 뭡니까?"

나는 잠시 생각해 보았다.

"그 남자는 어떤 모습인가요?"

"당신 천사는 '그 남자he'가 아니에요, 친구. 당신의 천사는 '그녀she'랍니다."

나는 깜짝 놀랐다.

"불쾌하고 못마땅하게 생각하는 건 아닌데, 왜 내 천사가 남성이 아니라 여성입니까?"

"로즈와 함께했던 치유 과정을 생각해 보세요. 그때 그녀가 우리 모두한테는 남성과 여성의 측면이 모두 들어 있다고 설명했지요? 우리 모두의 내면에는 두 가지 특질들이 다 들어 있습니다. 예를 들어 우리가 육체적으로 남성의 특질을 취하면 여성적 측면은 우리의 영혼 속에만 남아 있게 되죠."

"당신네 문화에서는 남자아이가 자랄 때 여성적 측면이 억압당하는 경우가 아주 흔합니다. 의도적으로 혹은 의도하지 않았는데도 그렇게 되는 경우가 많죠. 그렇게 되면 그는 온전한 어른으로 성장할 수가 없게 된답니다. 여성들의 경우에도 똑같은 일이 일어나죠. 그들의 남성적 측면이 억압당한다는 뜻입니다. 이런 일이 심각하게 일어나면 사람들은 아프게 된답니다. 아마 당신은 아주 어렸던 시기에만 당신의 여성적 측면을 경험해 보았을 것입니다. 그 측면이 아직 부서지기 전에 말입니다. 어떤 식으로든 당신은 이 여성적 측면을 다시 회복할 필요가 있습니다. 한 사람의 인간으로서 온전해지기 위해서 말입니다.

나는 지금 젠더를 이야기하고 있는 게 아닙니다. 온전한 존재가 되는 일에 대해서 말하고 있는 겁니다."

"그럴 수도 있겠다는 생각이 드네요."

레이의 말이 충분히 이해되었다.

"그렇다면 내가 언제 이 여성을 만날 수 있을까요?"

"당신은 이미 만났습니다. 그저 잊고 있는 것일 뿐이에요. 그녀의 존재를 당신이 알아차렸든 아니든 간에 그녀는 항상 당신 곁에 있었답니다. 그녀는 당신이 재즈 바에서 캐롤린의 이야기를 귀 기울여서 듣던 날에도 당신 옆에 있었습니다. 당신 마음속에 여기에 오겠다는 생각을 불어넣어 준 것도 그녀입니다. 당신은 결국 그녀의 메시지를 가슴으로 받아들였던 겁니다. 그 결과는 최근에 당신에게 일어나고 있는 모든 일이지요."

우리는 잠깐 동안 아무 말도 없이 가만히 있었다. 그동안 나는 이 정보를 차근차근 음미하고 소화했다. 그가 이야기해 준 것들에 나는 몹시 매료되었다. 마침내 내가 고개를 들어 레이를 쳐다보았다. 미소를 짓고 있는 레이의 두 눈이 반짝거리고 있었다. 내 입에서는 불쑥 이런 말이 튀어나왔다.

"그녀는 아름다운 모습이겠지요?"

레이는 고개를 가로젓더니 웃음을 터트렸다.

"정말 못 말리는 사람이군요. 네, 그녀는 아름답습니다. 사실 당신이 그녀를 보게 된다면 다른 여성에게 눈을 돌리는 일은 결코 일어나지 않을 겁니다."

"그녀의 이름이 뭘까요?"

내가 이렇게 묻자 레이는 대답했다.

"눈을 감고 마음을 고요히 해 보세요. 그리고 당신한테 들려오는 첫 번째 이름이 뭔지 귀를 기울여 보세요."

나는 그가 하라는 대로 했다. 그러자 정말로 귀에 들리는 것처럼 내 안에서 '줄리'라는 이름이 들려왔다. 내가 그 이름을 레이에게 말해 주자 그가 대답했다.

"좋군요. 이제부터 우리는 그녀를 줄리라고 불러야겠네요."

"그런데 내가 과연 어떤 식으로 그녀와 이야기를 나눌 수 있을까요?"

"우선 기본적인 '네yes'와 '아니오no'에서부터 시작하세요. 눈을 감고 줄리에게 '네'가 무엇을 의미하는지를 물어보세요. 당신 몸의 모든 부분, 당신의 귓불, 입술, 몸통 등에 주의를 기울이세요. 아마 그녀가 당신 몸의 한 부분을 살짝 만지거나 시원한 공기를 느끼게 해 줄 것입니다."

나는 그가 말한 대로 하면서 무언가를 알아차리려고 노력했다. 하지만 몇 분 뒤에 실망에 차서 내가 말했다.

"아무 일도 안 일어나는데요."

"그냥 마음을 편히 가지고 긴장을 푸세요. 그녀는 당신의 스케줄에 따르는 게 아니라 자신의 계획에 따라 움직이는 존재니까요."

다시 눈을 감았다. 그리고 삼사 분이 흐른 후에 내 오른쪽 귓불을 살짝 건드리는 부드럽지만 분명한 감각이 느껴졌다. 흥분한 내가 레이에게 이 일을 말했다.

"그럼 이제 그녀에게 '아니오'가 무슨 뜻인지 물어보세요."

나는 몇 분 동안 인내심을 갖고 기다렸다. 마침내 내 왼쪽 귓불을 살짝 건드리는 감각을 느꼈다. 레이에게 이 말을 하자 그는 인정한다는 듯이 고개를 끄덕거렸다.

"당분간 당신의 영적 안내자와 더욱 깊게 접촉할 때까지는 그냥 '네'와 '아니오'로 대답할 수 있는 것들에만 집중해서 질문하는 게 좋을 겁니다. 하지만 기억하세요. 이것은 오로지 당신의 영적 안내자가 당신하고 소통하는 방식일 뿐이란 사실을요. 만일 당신이 이 방법을 다른 사람에게 가르칠 경우라면 그들의 영적 안내자는 다른 방식으로 소통할 것이라는 사실을 염두에 두어야 합니다. 자신의 영적 안내자와 대화하는 방식은 아주 개인적인 일이기 때문입니다."

"실제로 내가 그녀의 목소리를 들을 수도 있습니까?"

"결국에는 듣게 될 겁니다."

레이가 자신 있게 말했다.

"그것은 아마 당신 머릿속에서 들려오는 아주 부드러운 목소리 같을 겁니다. 하지만 지금은 그녀와 친밀하고 조화로운 관계를 만드는 일에만 집중하세요. 이 일을 시작해 볼 수 있도록 잠시 동안 혼자 있게 해 드리죠."

나는 늦은 오후의 열기 속에 가만히 앉아서 태양이 지평선을 향해 움직여 가는 모습을 바라보았다. 그리고 내가 느끼는 줄리의 존재가 우호적이고 따스하다는 것을 알아차렸다. 나는 생각했다. 엄밀한 과학자였던 과거의 나로부터 내가 지금 얼마나 멀리 떠나왔는지를 말이다. 그때의 나는 경험적으로 증명되지 않는 것이라면 어느 것도 믿기를 거부했던 사람이었다. 그 과거의 게리는 '줄리'를 믿는 일을 비합리적이고, 완전히 미친 짓이라고 생각할 게 틀림없었다. 그렇더라도 과거 그 과학자의 생각이 무엇이든 간에 이제 나는 별로 상관이 없었다.

생각이 다시 디제리두로 옮겨 갔다. 그리고 '진짜' 디제리두를 만드는 일과 인간 존재의 성장 사이에 유사점이 있다는 사실을 알게 되었다. 진짜 디제리두에는 그것을 만든 사람의 영혼의 일부가 들어 있다. 그 사람의 영혼은 그 디제리두와 함께 있고, 그것이 만들어진 이유이자 앞으로 그것을 사용할 유일한 사람과 계속 함께 있을 것이다. 바로 그 영혼 때문에 디제리두가 그토록 풍부하고, 그토록 사람의 마음을 홀리는 사랑스러운 소리를 내는 것이다.

마찬가지로 우리들 각자도 우리를 '창조한 존재'의 영혼의 일부를 부여받았다는 생각이 들었다. 이 세상에 태어나기 위해 우리의 몸이 만들어질 때 말이다. 그 창조자의 영혼은 우리가 살아가는 내내 우리와 함께 머물러 있으며, 우리가 배울 필요가 있는 교훈들을 배우도록 우리를 돕고 있는 것이다. 어떤 사람들은 그 영혼을 '더 높은 자아', '우주적 힘과의 연결', '안내자' 등으로 부른다. 나는 그 영혼을 '줄리'라고 부르고 있고 말이다. 나는 알 수 있었다. 이제 다시는 그녀의 존재가 없는 상태로 살지 않으리란 사실을 말이다.

그 후로 나는 내 '영적 안내자'와 많은 대화를 나누었다. 그녀는 항상 나와 함께 있었다. 이는 나에게만 일어나는 특별한 일이 아니다. 우리들은 모두 그런 도움과 위로, 안내를 받을 수 있다. 우리가 해야 할 일이라고는 영적 안내자의 소리를 들을 수 있을 만큼 마음을 고요하게 만드는 일뿐이다. 이제 나는 그러한 사실을 완전히 믿게 되었다. 우리가 우리 안에 존재하는 '신'의 일부분과 접촉하게 된다면, 우리의 삶은 훨씬 더 풍요로워지고 사랑으로 가득 차게 될 것이다. 디제리두에서 들려오던, 사람의 마음을 잡아끄는 그 아름다운 소리처럼 말이다.

# 11장

# 인생은
# 사랑과 용서가 전부다

어느 날 아침 로즈는 내가 아주 중요한 여행을 떠날 시간이라고 말하며 치유를 시작했다.

"여행이라고요? 마을을 떠나는 것을 말하는 건가요?"

"아니에요. 영적인 영역에서의 여행이랍니다. 우리 모두가 이 삶을 살면서 반드시 떠나야만 하는 여행이지요. 이것은 우리가 어린아이에서 어른이 되기까지의 과정을 보여 주는 여행이랍니다. 이 여행을 하기 위해서 당신에게 필요한 것은 사랑과 용서의 힘들입니다."

그녀가 용서에 대해서 언급했을 때 나는 그것이 나의 아버지에 대한 이야기임을 알았다. 비록 내가 내 삶의 모든 측면에 대해서 점점 더 감사하는 마음을 품게 되었을지라도, 여전히 나는 아버지의 잔인한 행동들에 대해서는 감사할 수가 없었다. 아버지와 나 사이에는 분명 아무런 선물도 없는 것 같았다.

"그러니까 내가 그냥 용서하고 잊어버려야 한다는 겁니까?"

내가 물었다. 그 생각을 하니 마음이 쓸쓸했다. 그것은 아버지가 했던 모든 일과 함께 아버지를 떼어 내는 일인 것 같았다.

"아닙니다. 인간은 용서한 다음에 잊어버릴 수 있는 존재로 만들어지지 않았습니다. 사람들은 잊을 수 없답니다. 하지만 용서는 할 수 있어요. 우리의 몸은 어떤 것도 절대 잊지 않습니다. 하지만 우리 마음은 용서하는 법을 배울 수 있습니다. 즉 사건들이 우리에게 영향을 끼친 방식에 대해서 용서하는 법을 배울 수 있다는 뜻이죠. 기억을 완전히 지워 버릴 수는 없어요. 하지만 그 기억의 효과를 부정적인 것에서 긍정적인 것으로 바꿀 수는 있습니다."

"아버지가 내게 행했던 그 모든 일을 이미 다 겪었는데, 어떻게 내가 그를 용서할 수 있을까요? 왜 꼭 그래야만 하나요?"

내가 물었다.

"왜냐하면 당신 아버지를 비난하는 일은 당신이 다른 사람들과 사랑을 주고받는 데 방해가 되기 때문이랍니다. 결과론적으로 보면 세상은 있는 그대로의 바로 그 세상입니다. 당신 어머니는 당신이 삶에서 배울 필요가 있는 것들을 배우게 해 준 완벽한 어머니였습니다. 이런 관점에서 보면 당신 아버지도 마찬가지로 완벽한 아버지였습니다. 당신이 자신의 강인한 힘을 찾아내도록 도와주었으니까 말입니다. 그리고 당신의 형제, 전 아내들, 아이들, 사업 경험들, 학업, 심지어 당신의 다발성 경화증까지도 모두가 당신에게는 정확하게 필요한 것들이었다고 할 수 있겠죠. 이 사실을 분명히 깨닫는다면 당신은 자유로워질 것입니다. 진정으로 살아가게 되는 거죠. 자유로워진 당신은 사람들을 판단하는 대신에 사랑하고 받아들이게 될 것입니다."

"게리, 치유가 일어나려면 누구든 용서해야 합니다. 이것은 정말로 중요하고 꼭 필요한 일입니다. 심지어 당신에게 해를 끼쳤던 사람일지라도 용서해야 한답니다. 물론 그렇다고 완전히 잊을 수는 없겠지만 그 사건들 속에 어떤 선물이 있음을 발견할 수는 있답니다. 그러면 그것을 용서할 수 있게 되지요. 이것을 이해하는 것은 아주 중요하답니다. 이것은 가슴의 논리이고, 진정한 삶을 살 수 있게 해 주는 시작점이거든요."

나는 그녀의 말을 파악해 보려고 애쓰면서 가만히 앉아 있었다. 숫자와 사실들이라는 견고한 논리의 세계에 평생을 바쳐 온 나 같은 사람에게는, 이 가슴의 논리가 너무나 낯설고 어려운 개념처럼 여겨졌다. 나는 내가 어떻게 아버지를 용서할 수 있는지 알 수가 없었다. 우리 관계에서는 감사할 점도 선물 같은 어떤 것도 찾을 수 없었기 때문이다.

마침내 나는 골똘히 생각하기를 멈추고 그냥 가만히 있었다. 지금으로서는 더 나아갈 수 없다는 사실을 알아본 로즈가 조용히 주제를 바꾸었다. 우리는 나를 재프로그래밍하는 과정을 계속 진행했다.

그날 저녁 식사를 한 뒤에 아버지 이야기를 다시 끄집어낸 것은 레이였다. 불현듯 그가 나에게 몸을 돌리더니 말했다.

"당신 아버지는 아주 좋은 노인네였겠죠. 그렇지 않나요?"

이것은 분명히 로즈의 생각 같았다. 그러니까 내가 이 주제에 대해서는 레이와 좀 더 자유롭게 이야기를 나눌 것이라고 생각해서, 레이를 부추겨 이 대화를 하게 한 것은 아닌가 싶었다. 하지만 나는 이 주제로 이야기할 마음이 없었다. 그러고 있는데 문득 내 동생이 여덟 살이고 내가 열 살이었던 때가 생각 났다. 그때 우리는 거실 바닥에 앉아서 놀이를 하고 있었다. 갑자기 아버지가 고함을 치며 거실로 들어왔다. 그러고는 동생을 발로 차서 바닥에 쓰러뜨리고 그를 때리기 시작했다. 동생 톰은 자기 몸을 감싸려고 애를 쓰고 있었다. 톰이 무슨 일을 한 건지, 심지어 아버지에게 그럴 이유가 있었던 것인지는 전혀 기억이 나지 않는다. 술에 잔뜩 취하고 분에 못 이긴 상태가 아버지에게 필요한 이유의 전부였으니까.

내 첫 번째 반응은 안도감이었다. 맞고 있는 사람이 내가 아니라는 안도감 말이다. 그런데 갑자기 내가 아버지에게 동생을 그냥 놔두라고 소리를 지르고 있었다. 어디서 그런 용기가 났는지 모른다. 하지만 그 외침은 오래 지속되지 않았다. 아버지가 내 쪽으로 몸을 돌렸고, 공포에 질린 나는 떨면서 방을 뛰쳐나 갔기 나는 로즈의 질문에 단호하게 대답했다.

"아니랍니다. 내 아버지는 '아주 좋은 사람'이 전혀 아니었어요. 그는 술주정뱅이였고, 툭하면 나에게, 어머니에게, 내 형제들에게 폭력을 휘둘렀어요. 때릴 기회만 있으면 늘 그랬죠."

"그래도 그는 당신을 세상에 태어나게 하지 않았나요?"

레이가 되받아치며 물었고, 나는 목소리를 높이며 대답할 수밖에 없었다.

"그래서 그게 어쨌다고요? 그는 결코 나를 사랑하지 않았어요. 내 삶을 지옥처럼 만들었다고요."

레이는 한숨을 쉬고는 머리를 가로저었다.

"보세요, 친구. 당신은 당신에게 일어났던 모든 일에 대해서 당신 아버지를 비난하고 있어요. 그가 술주정뱅이가 된 것은 그의 잘못만은 아니랍니다. 그 사람이 당신에게 좋은 아버지는 아니었겠죠. 하지만 거기서도 분명 감사할 거리를 찾을 수 있답니다. 아버지가 그랬기 때문에 당신이 이렇게 강해지고, 이렇게 재빠르게 된 것이잖아요. 감정적으로도 강해졌죠. 이뿐만 아니라 학교에서 당신이 그렇게 성취를 이룰 수 있었던 것도 당신 아버지에 대한 반발심에서 그런 것입니다. 그가 당신을 결코 인정해 주지 않았기 때문이죠."

그 말을 듣고 있으니 내 안에서 슬픔이 샘물처럼 솟아났다. 후회의 감정도 밀려왔다. 아버지와 내가 한 번도 친구가 되어 보지 못했다는 사실에 대한 후회였다. 아버지와 한 번도 대화다운 대화를 나눠 본 적이 없었다는 것이 후회스러웠다.

"하지만 왜 내 아버지는 그렇게 죽을 정도로까지 술을 마셔야만 했을까요? 왜 아버지는 자신의 삶과 자기 주변 사람들의 삶을 파괴해야만 했을까요?"

레이는 다정한 시선으로 나를 바라보았다.

"당신 아버지는 약한 사람이었어요, 게리. 그는 벽에 부딪쳤던 거예요. 술독에 빠지는 벽이죠. 그 벽이 그가 더는 앞으로 가지 못하게 막았던 거고요. 당신의 벽은 당신이 받은 진단, 당신이 곧 죽을 것이라는 선고였죠. 하지만 당신은 그 벽을 넘어서기 위해 애를 쓰고 있습니다. 그 일이 얼마나 힘들었을지 충분히 짐작이 갑니다. 가족이나 친구들의 도움 없이 혼자 비행기를 타고 여기로 온 일 말입니다. 아무도 기꺼이 당신과 동행하려고 하지 않았죠. 그런데 어쨌든 당신은 그 비행기를 탔어요. 그 일을 하기 위해서는 엄청난 용기가 필요했을 겁니다."

"당신 아버지는 그런 종류의 용기를 지니지 못했습니다. 하지만 그래도 여전히 당신이 고맙게 여길 수 있는 일들이 있습니다. 지금까지 당신은 아주 오랜 시간 동안, 당신의 몸에 아버지에 대한 감정들을 지닌 채 살아왔습니다. 그러는 바람에 당신의 몸은 무거운 짐에 짓눌려 허물어져 버렸지요. 그렇기 때문에 이제는 용서를 바라볼 시간입니다. 용서하지 않고서는 몸이 좋아지는 일이 불가능할 수도 있습니다. 오늘 밤 잠이 들기 전에 그것에 대해서 한번 생각해 보세요."

그날 밤 나는 침대에 누워 이제는 익숙해진 오지의 소리들을 듣고 있었다. 나는 아버지에 대해서 계속 생각했다. 아버지의 술버릇, 우리를 때렸던 일들, 잔인한 말들에 대해서 생각했다. 그리고 아버지의 이른 죽음에 대해서도 생각했다. 내가 아직 군대에 있었을 때 아버지가 아파서 병원에 있다는 통보를 받았다. 집에 다녀와도 좋다는 임시 휴가가 주어졌지만 나는 그를 만나러 가고 싶지가 않았다.

아버지는 평생 몸집이 큰 사람이 결코 아니었다. 그때는 병이 아버지를 훨씬 줄어들게 해서 빈껍데기만 남은 것 같았다. 많은 술주정뱅이들처럼 아버지도 간경화라는 진단을 받았다. 고작 57세였지만 병원 침대에 누워 있는 아버지는 훨씬 늙어 보였고, 해골만 남은 상태였다. 의사는 아버지가 술을 끊어야 한다고 말했다. 그렇지 않으면 6개월을 채 못 살고 죽을 거라고 했지만 아버지는 술 먹는 일을 그만두지 않았다. 그리고 4개월 후에 세상을 떠났다. 우리는 크리스마스 전날에 아버지를 묻었다.

마음속으로 정처 없이 그런 생각들을 하고 있는데, 웃는물총새가 생각났다. 너무나 무시무시한 소리를 내는 그 작은 새 말이다. 그리고 용서에 대해서 생각했다. 그러고 있자니 뭔가가 변한 것 같았다. 그렇다고 무슨 마술적인 변화 같은 것이 일어난 것은 아니었다. 그 즉시 나의 모든 분노를 떠나보내고 아버지에게 커다란 사랑을 느낀 것은 아니었다는 뜻이다. 하지만 잠시 뒤에 약간 가벼운 기분을 느꼈고, 조금 평화롭기까지 했다. 그런 마음으로 나는 잠에 빠져들었고 깊은 단잠을 잤다.

그 다음 날 아침에 로즈는 자신이 특별한 프로그램을 준비했다고 말했다. 그 프로그램은 내 안에 묻혀 있던 모든 두려움을 제거하도록 도와줄 것이라고 했다. 그렇게 되면 지난 며칠 동안 내가 따라 했던 모든 문장들을 스스로 신뢰할 수 있을 것이라고 했다.

"오늘은 훨씬 긍정적인 문장들로 당신을 프로그래밍할 것이고, 당신 몸에 깊이 새겨진 부정적인 프로그래밍을 훨씬 많이 제거할 생각입니다. 우리는 이것을 아주 재미있는 방식으로 할 참이랍니다."

"어떻게 할 참인데요?"

"당신의 몸이 글을 읽을 줄 안다는 사실을 알고 있었나요?

그것이 바로 우리가 하려는 방법이랍니다. 우리는 당신의 몸이 글을 읽도록 허락할 참이랍니다."

나는 조금 당혹스러웠다.

"이것이 어떻게 효과가 있는지를 보여 줄게요. 우리가 근육 테스트를 했을 때와 비슷한 방식입니다. 여기 두 장의 종이가 있습니다. 한 장에다가는 당신 이름인 '게리'라고 써 놓았고, 다른 종이에다가는 '빌'이라는 이름을 써 놓았습니다. 그런 다음 내가 한 번에 한 장씩 당신 가슴에 붙여 놓으면 당신의 몸은 각각의 종이에 쓰인 글자의 차이를 알아낼 것입니다. 그 종이들이 지니고 있는 에너지를 통해서 알아내는 거죠. 참이거나 거짓인 말과 연관된 긍정적이거나 부정적인 에너지를 통해서요. 이번에도 당신은 팔을 들어 올리고 있어야 합니다. 그 종이에 당신 이름이 쓰여 있으면 당신 팔은 강하게 그대로 있을 겁니다. 이런 식으로 당신의 몸은 자신이 읽은 글을 우리에게 알려 줄 거랍니다."

로즈는 내 셔츠 안의 맨가슴에다가 종이 한 장을 살그머니 밀어 넣었다.

"이 종이에서는 당신 팔이 약해지는군요."

그녀가 종이를 바꾸었다.

"그리고 이 종이에서는 강해졌습니다. 자, 이 종이를 보세요. '게리'라고 쓰여 있군요."

"정말로 놀랍네요. 당신이 다른 원주민들과 작업할 때도 이 방법을 쓰나요? 아니면 이것이 나에게만 효과가 있는 겁니까?"

"이것은 당신에게만 효과가 있습니다, 게리. 원주민들과는 텔레파시를 통해서 치유를 하기 때문에 이것은 당신에게 효과가 있어요. 나를 믿으세요. 이제 당신이 이걸 알게 되었으므로, 나는 이 종이들을 당신 몸에 올려놓겠습니다. 그러면 당신은 여기에 적힌 모든 정보를 흡수할 수 있을 거예요. 이 종이들에 쓰인 문장들은 적개심, 분노, 원한, 적대감, 그리고 그와 비슷한 부정적인 에너지들을 제거하도록 도와줄 것입니다. 그 대신 당신은 긍정적인 신념들과 감정들로 프로그래밍될 것입니다."

"내가 종이에 적힌 것을 읽어도 될까요?"

"절대로 안 됩니다."

로즈가 강하게 반대했다.

"실제로 당신이 그렇게 하면 모든 프로그램을 망칠 수도 있습니다. 이 치유 과정의 핵심은 당신의 의식적인 마음을 살짝 속여 넘긴 다음에, 잠재의식적인 마음에 직접 말을 거는 것이기 때문입니다. 만약 당신이 종이에 쓰인 것을 읽게 된다면 당신의 의식적인 마음은 이 말들을 교묘히 빠져나갈 방법을 찾아낼 것입니다. 그렇게 되면 당신은 처음 시작했던 지점으로 금방 돌아와 버릴 겁니다."

"알겠습니다. 보지 않겠습니다."

나는 약속했다. 로즈는 나더러 휠체어에서 몸을 일으켜서 딱딱한 침대에 누우라고 지시했다. 그것은 내 오두막에 있던 침대와 비슷한 것이었다. 우연히 종이에 쓰인 것을 읽게 될까 봐 몹시 걱정이 된 나는 아예 두 눈을 꼭 감고 지시를 따랐다.

"종이들이 떨어지지 않도록 당신 배 위에다가 수건 한 장을 올려 둘 참이랍니다. 긴장을 풀고 관심을 집중해서 재프로그 래밍되는 것을 당신이 충분히 흡수하면 좋겠어요. 명상 상태로 들어갈 수 있다면 더욱 도움이 될 것입니다."

로즈는 두꺼운 종이 뭉치를 내 셔츠 안에다 가만히 밀어 넣은 뒤 그것들을 잘 정돈해 두었다. 그러고 난 뒤에 로즈와 레이는 조용히 방에서 나갔다. 나는 누운 채로 마을 사람들이 내는 소리를 들으며 마음을 고요히 하려고 애를 썼다. 내 몸이 글을 읽을 줄 안다는 로즈의 말이 나에게는 참 이상하게 여겨졌다. 물리학자였던 나의 한 부분이 슬그머니 돌아와서 나를 방해하려는 것이 느껴졌다. 하지만 나는 그가 그렇게 하게끔 내버려 둘 수가 없었다. 나는 이미 그 사람에게서 너무나 멀리 떠나와 버렸기 때문이다.

아주 긴 시간이 흐른 것 같았다. 한참 뒤에 로즈가 돌아와서 내 가슴 위에 있던 종이들을 가져갔다. 그리고 나더러 일어나 앉으라고 했다.

"기분이 어때요?"

"좋습니다. 하지만 이상하기도 해요."

내가 중얼거렸다. 내 경험을 설명할 말이 생각나지 않았기 때문이다. 그녀가 나를 자세히 살펴보고는 이어 말했다.

"좋아요. 자, 이제 당신의 프로그램을 알아보는 테스트를 계속해 보도록 합시다."

그다음 시간 동안 그녀는 근육 테스트를 계속했다. 몇몇 문장은 잘 듣기만 하라고 하고, 다른 문장들은 따라 하라고 했다. 전날 했던 것과 같은 방식이었다. 마침내 그녀는 만족스러운 것 같았다.

"좋아요, 게리. 아주 좋습니다. 당신은 잘 해내고 있어요. 나는 당신이 발전해 나가는 게 아주 기쁩니다."

잠시 휴식을 취한 후 로즈는 내 몸이 '읽어 낼' 또 다른 종이 뭉치를 준비했다. 하지만 먼저 우리가 용서에 대해서 좀 더 이야기를 나눌 필요가 있다고 지적했다.

나는 아버지를 생각했다. 그런데 평소 아버지를 떠올릴 때마다 일어났던 아주 즉각적인 원망의 감정이 일어나지 않았다. 그렇다고 사랑의 감정을 느낀 것은 아니었다. 하지만 증오의 감정도 별로 느껴지지 않았다. 참 이상한 일이었다.

"게리, 용서가 어디에서 와서 어떤 역할을 하는지 이해하겠어요? 그것은 비난에 대한 해독제랍니다. 다른 사람을 용서하게 되면 용서하는 그 당사자가 자유를 얻게 되지요. 일단 우리가 누군가를 용서하게 되면, 그것은 마치 등에서 무거운 벽돌한 짐이 떨어져 나가는 것과 같습니다. 왜냐하면 분노와 비난이 그토록 부정적인 에너지를 우리에게 짐 지웠기 때문이랍니다. 다른 사람을 용서하는 법을 배워야 하는 또 다른 이유는, 그래야만 당신이 스스로를 용서하는 법을 배울 수 있기 때문입니다. 모든 것을 받아들이는 법을 배우도록 해 보세요. 당신 삶에서 느꼈던 고통까지 포함해서 말입니다. 이걸 배우는 것에는 더큰 목적이 있답니다. 바로 당신이 진정으로 누구인지, 여기 지상에서 당신이 해야 할 일이 무엇인지를 발견하는 것이랍니다."

나는 귀 기울여 들었다. 그러면서 깨닫기 시작했다. 아버지에 대한 분노를 끌고 다니는 일이 나로 하여금 어떤 대가를 치르게 했는지를 말이다. 나는 진심으로 내 등에서 그 '무거운 벽돌 짐'을 내려놓고 싶었다. 나는 자유로워지고 싶었다.

"당신이 하고 있는 이야기는 잘 듣고 있어요, 로즈. 그렇지만 내가 그걸 할 수 있을지는 잘 모르겠어요. 다른 사람들을 용서하고, 나 스스로를 용서하는 일 말입니다. 내가 할 수 있을지 잘 모르겠습니다. 하지만 나는 기꺼이 해 보려고 할 것입니다."

"자, 이 일을 도와줄 수 있도록 내가 당신 가슴 위에다 프로 그램 하나를 올려 두겠습니다. 조용히 누워서 긴장을 풀고 오늘 배운 것들을 생각하세요. 그러면 잠시 후에 레이가 당신을 확인하러 돌아올 거예요."

나는 눈을 감고 고요함과 평온함 속으로 빠져들어 갔다. 시간이 얼마나 흘렀는지 알 수가 없었다. 왜냐하면 특정한 시간에 한정되어 있지 않는, 무한이라는 어떤 곳으로 내가 미끄러져 들어간 것 같았기 때문이다. 레이가 돌아왔을 때는 벌써 날이 저물어 가고 있었다. 나를 깨우려고 오래전에 마비된 내 발 하나를 레이가 잠시 동안 살짝 어루만졌다. 나는 그의 손이 참 따뜻하다고 느꼈다. 마비된 발에서 그런 감각을 느낄 리가 없었다. 나는 지금 꿈꾸는 것과 비슷한 상태이기 때문에 그런 착각을 한 것이리라. 그렇게 생각해 버리고는 그 감각이 사라지게 놔두었다.

"기분이 어떤가요?"

"평화롭군요."

레이는 고개를 끄덕이고 몸을 굽혀서 내 곁의 진흙 바닥에 앉았다. 그러더니 눈을 감았다. 우리는 잠시 동안 조용히 있었다. 하지만 그 시간은 대단히 '충만한' 침묵의 시간이었고, 나는 그와 강하게 연결되어 있다는 것을 알아차렸다.

내 머릿속에서 일종의 발소리 같은 소리가 들려왔다. 눈을 떠서 레이를 보니 그는 우리 둘 사이의 빈 공간을 올려다보고 있었다. 그 순간 아주 나이든 원주민 남자 한 명이 거기에 서 있는 것이 보였다. 그는 피부가 아주 검었고, 철사처럼 구불거리는 하얀 머리와 수염이 있는 노인이었다. 그는 내가 이제까지 본 것 중에서 가장 환하게 빛나는 시선으로 나를 바라보고 있었다. 너무나 견실해 보이고 진짜 같은, 이 갑작스러운 노인의 출현에 놀란 내가 일어나 앉으려고 애를 썼다.

"그냥 평화롭게 있게나."

그 노인이 내게 말했다. 입술은 전혀 움직이지 않고서 말이다. 나는 그의 목소리를 마음속에서 들을 수 있었다. 그가 미소를 지었다.

"드디어 자네를 만나게 되어서 기쁘다네."

그 노인은 꽤 오랫동안 내 시선을 받으면서 나를 가만히 바라보았다. 그러고는 사라졌다. 나는 너무 놀라서 멍한 상태로 다시 누웠다. 나는 알았다. 예전의 나라면 지금의 나를 미쳤다고 했을 터였다. 하지만 지금의 나는 그 방문자가 진짜로 왔었다는 사실을 절대적으로 확신한다. 나는 그 존재가 내 내면에서 고요하고, 견실하게 여전히 현존하고 있다고 느꼈다.

"축하합니다, 친구."

레이가 조용하게 속을 터놓는 어조로 말했다. 나는 그가 고개를 끄덕이는 모습을 가만히 바라보다 조심스레 물었다.

"그분은 무엇, 아니 누구십니까?" 내가 물었다.

"그분은 '원로 치유사'입니다. 그는 당신이 자기를 만날 수 있게 되기를 기다려 왔습니다."

나는 깊은 숨을 들이쉬었다가 내쉬었다.

"그분은 이 마을에 살고 계신가요? 그동안 한 번도 뵌 적이 없어서요."

"그는 예전에 여기에서 사셨어요. 아주 위대한 치유사였답니다, 게리. 50년 전에 그분은 이 세상을 떠났습니다만, '꿈시간 Dreamtime'에는 여전히 저를 방문해 주신답니다. 그분이 바로 당신이 여기에 올 것이라고 내게 말해 준 분이시랍니다."

나는 그동안 그가 했던 이야기를 진짜라고 생각하지 않고 속으로 계속 부정해 왔었다. 그런데 지금은 그 말이 사실임을 가슴으로 느낄 수 있었다.

"하여간 우리가 여기까지 왔군요. 그리고 어느덧 저녁 먹을 시간이 됐네요."

레이는 평소처럼 말하면서 일어났다. 그리고 나를 돕기 위해 내 쪽으로 걸어왔다. 그러면서 그가 내 발을 살짝 건드렸는데, 이번에도 나는 마비된 발에서 아주 미미하지만 어떤 감촉을 느꼈다고 생각했다.

레이는 친근한 침묵 상태로 나를 오두막에 데려다주었다. 그런 다음 저녁을 가지러 나갔다. 그곳에 혼자 있게 된 나는 몸에 부착된 도뇨관(카테터)을 살펴볼 필요가 있음을 깨달았다. 이 일을 하려면, 나는 오두막 가까이에 있는 작은 옥외 변소까지 가야 했다. 약간의 프라이버시가 필요한 일이기 때문이었다. 그곳으로 휠체어를 굴리며 가고 있는데, 아주 분명하게 오줌을 싸고 싶다는 충동이 일어났다. 이 감각이 진짜일 수는 없다고 나는 스스로에게 말했다. 왜냐하면 그때의 나는 내 방광을 통제할 수 없는 상태였기 때문이었다.

그래서 필요할 때마다 오줌이 방광에서 바로 나오도록 도뇨관을 직접 방광에 삽입해 놓은 것이다. 하지만 내 몸에서 아주 미미하게나마 어떤 감각이 느껴질 수도 있다는 가능성 때문에, 나는 몹시 흥분되었다. 나는 뒷간을 향해 난 좁은 흙길을 따라 빠르게 휠체어를 굴렸다.

뒷간에 도착한 다음, 나는 휠체어 뒤에 놓아둔 지팡이를 움켜잡았다. 그리고 뒷간 벽과 지팡이를 이용해서 서 있으려고 애를 썼다. 그런 다음 안쪽으로 몇 발자국 걸어갔다. 몸의 균형을 잡는 일이 어려웠기 때문에, 이 과정은 몹시 느리고 아주 성가

셨다. 안으로 들어가서 나는 도뇨관을 살펴보기 시작했다.

내 페니스와 연결된 삽입 지점을 확인하려고 손을 뻗었더니, 페니스에 닿은 내 손의 감촉이, 믿을 수 없을 정도로 따스한 내 손의 감촉이 마치 낙인을 찍는 것처럼 분명하게 느껴졌다. 그럴 리가 없어! 나는 생각했다. 틀림없이 내 마음이 지금 나를 속이면서 놀려 먹고 있는 것이리라. 나는 벽에 몸을 기댔다. 지팡이가 떨어지는 것도 상관하지 않았다. 그런 다음에 도뇨관을 잡아 빼기 시작했다. 도뇨관이 조금씩 빠져나올 때, 나는 그것이 몸에서 제거되고 있다는 감각을 느낄 수 있었다.

실제로 뭔가를 다시 느낄 수 있게 된 몸의 감각은 단계적으로 계속 일어났다. 그러자 뭔가가 일어나고 있다는 충격적인 전율이 내 모든 존재 속으로 홍수처럼 밀려들었다. 나는 사랑으로 가득 차오르는 느낌이었다. 마치 신의 눈을 통해서 내 삶에 눈길을 던지는 느낌이랄까. 전에는 한 번도 닿아 본 적이 없는 어떤 인식의 명확한 실체를 경험했다.

갑작스레 열린 통찰의 빛 속에서 나는 그동안 중요하다고 생각했던 모든 것이 사실은 의미가 없고 공허하다는 것을 깨닫게 되었다. 돈과 성공, 물질적인 소유를 추구했던 것 말이다. 나는 의미 없는 그런 행위들만을 해 나가면서, 기쁨, 슬픔, 사랑, 용서, 연민 등의 감정을 잃어버렸던 것이다. 이것들이야말로 인생에서 가장 기본이 되는 토대들인데 말이다. 정말로 중요한 것은 뭔가를 느낄 수 있는 인간의 단순한 능력이라는 것을 이제는 분명히 알 수 있었다.

나는 뒷간의 흙바닥에 무릎을 꿇었다. 내 안에서 웃음이 솟아나는 것이 느껴졌다. 그리고 내 인생과 다발성 경화증이 그동안 나를 가르치려고 애써 왔다는 것을 알게 되었다. 인생이 비극적이고 고통스러울지라도 그 속에서 충분히 아름다움과 완벽함을 발견할 수 있다는 사실을 가르쳐 주려고 말이다. 그동안 나는 내 인생을 혼자서 연주하고 있다고 생각했다. 그런데 아니었다. 오히려 나는 장대한 오케스트라가 연주하는 심포니 한가운데에 참여한 채 그 안에서 연주를 하고 있던 것이다. 장엄하게 빛나는 지휘자와 함께 말이다. 전에는 세상을 열쇠 구멍으로 힐끗 보았는데, 지금은 그 열쇠 구멍이 활짝 열린 문이 된 기분이랄까. 나는 모든 일이 가능하다는 것을 알았다. 나는 신의 사랑 어린 두 팔에 안겨 있으니까 말이다.

감각을 다시 되찾기 시작했던 그 순간이야말로, 내가 죽음의 선고에서 문지방을 건너 삶으로 되돌아오는 진정한 순간이었다. 지금까지 나는 레이, 로즈와 함께 강력한 경험들을 해 오고 있었다. 그랬을지라도 그것이 화인을 찍듯이 느껴지는 이 강렬한 감각만큼, 내 존재의 핵심을 흔들지는 않았다. 이것은 내가 정말로 다시 살아날 것이라는 사실을 진정으로 그리고 의식적으로도 믿게 만들었다.

그러고 보니 나는 완전히 한 바퀴를 돈 셈이었다. 수년 전 내 남성성의 상징인 페니스가 무감각해졌을 때, 나는 결국 의사한테 가 봐야 한다고 생각했었다. 그리고 지금 내 몸에서 처음으로 다시 살아난 부분, 다시 살아 있음을 느끼게 된 부분 역시 내 남성성의 상징인 페니스인 것이다. 이런 순환을 통해서 내 과거와 현재가 치유되었고, 나의 온 미래가 다시 쓰일 것이란 사실을 알게 되었다. 나는 비행기를 타고서 브리즈번에 처음 왔던 그때 그 사람이 더는 아니었다. 나는 다시 태어난 것이다.

두 뺨으로 기쁨의 눈물이 떨어졌다. 눈물을 흘리면서 나는 레이를 외쳐 불렀다.

"무슨 일이에요?"

그가 뛰어서 다가왔다.

나는 그에게 내 도뇨관을 건네주며 내가 다시 감각을 느끼게 되었다고 말했다. 레이의 얼굴이 기쁨으로 환히 빛났다.

"게리, 당신이 해냈군요! 마침내 그 복잡한 머릿속에서 빠져 나오게 되었어요. 내가 뭐라고 했어요? 정말 오랜 여행이었죠?"

"일생이 걸렸어요."

내가 큰 소리로 외쳤다. 한꺼번에 웃고 울면서 말이다. 그 순간 레이가 소리를 질렀다. 그 소리를 설명하기는 불가능하다. 아마도 레이의 언어로 하면 축하의 영창이라는 정도가 내가 표현할 수 있는 것의 전부다. 나는 그가 무슨 내용의 소리를 질렀는지 모른다. 하지만 마을 사람들 모두가 뛰어나왔다. 남자들, 여자들, 아이들이 모두 우리를 향해 달려와서는 기쁨에 찬 흥분으로 소리를 질렀다. 그들은 소식을 듣자마자 내 등을 두드려 주었다. 나는 그들의 말을 이해할 수 없었는데도 불구하고, 그들이 내게 기쁨과 축하의 말을 해 주고 있음을 알 수 있었다.

처음 이곳에 온 날 열린 환영 잔치 이래로, 나는 이 마을 사람들이 뒤에서 나를 지지하고 있다는 것을 이미 알고 있었다. 하지만 그들이 나의 기쁨을 이토록 강렬하게, 이토록 개인적으로 공감해 줄 줄은 전혀 기대하지 않았었다. 그들이 미소를 짓고, 내 등을 두드려 주고, 내 손을 잡아 주는 방식을 누가 본다면 내가 그들의 형제이고, 아버지이고, 아들이라고 생각할 것이다. 나는 살면서 한 번도 이런 소속감을 느껴 본 적이 없었다. 나는 다시 눈물을 흘리면서 큰 소리로 울었다.

"무슨 일이에요?"

로즈가 서둘러 오면서 물었다. 항상 그렇듯이 약간은 무례하고 촌스러운 방식으로 레이가 대답했다.

"여기요, 게리가 당신에게 줄 선물이 있다네요."

그러고는 내 도뇨관을 그녀에게 건네주었다. 곧바로 레이가 내게 일어난 일을 말해 주자 그녀는 웃음을 터트리면서 고개를 가로저었다.

"정말 놀라워요."

그녀가 환하게 미소를 지었다.

"오, 게리. 나는 당신 때문에 너무나 기뻐요."

그날의 치유가 어떤 역할을 했는지에 대해서는 어느 누구도 묻지 않았다. 그 대신 우리는 즉석에서 축하 잔치를 열었다. 우리는 함께 둘러앉아서 음식을 먹고, 웃으며 대화를 나눴다.

나는 서구에서 자란 현대인이었다. 그래서인지 그날 마을 사람들이 나를 어루만져 주고, 나의 기쁨을 함께 공감해 준 것 같은 그런 접촉을 한 번도 경험한 적이 없는 것 같았다. 그날 밤 마을 사람들은 살아 있는 무지개처럼 보였다. 피부 색깔이 거의 하얀색에서부터 갈색, 검은색까지 다양하게 펼쳐져 있어 꼭 무지개 같았다. 또한 그들이 보여 주는 사랑의 아름다움은 정말이지 설명할 말이 없을 정도였다.

젊은 남자들은 보디 페인팅을 할 때 쓰는 진흙 그릇을 가져 와서 자신들의 몸을 장식하기 시작했다. 이 잔치를 축하하고 춤을 추기 위해서였다. 그들 중 한 사람이 나를 향해 몸을 돌려 머리를 비스듬히 기울이며 내 눈을 보고 미소를 지었다.

'네, 그러겠습니다.'

나는 그 초대를 받아들였다. 그의 얼굴에 미소가 활짝 피었다. 내가 셔츠를 벗자, 그가 내 창백한 피부에 자기들 몸에 그린 것 같은 선들과 점들을 그려 주었다. 삶과 사랑이 서로 연결되어 있는 그물망이었다. 나는 이제 그 가족의 일원이었다.

그날 밤, 잠을 자려고 누워 있을 때 나는 깊고도 깊은 행복감을 느꼈다. 나는 이 외딴 오지에서 생활하며 받아들임의 은총을 알게 되었다. 하지만 지금은 도취감과도 같은 희망이 가득 차오르고 있었다. 나는 알고 있었다. 내가 낫게 될 것이라는 사실이 흔들림 없이 확실하다는 것을. 앞으로 신에게 감사하며 살 게 될 것이라는 사실도 알고 있었다.

# 문을 열고
# 상처 밖으로 나오다

호주 내륙의 오지로 여행을 떠났을 때, 나는 단순히 내가 치유되기를 원했다. 그때는 나 또한 치유사가 될 것이라는 사실을 알지 못했다는 뜻이다.

나의 치유 과정이 다 끝난 다음에, 온 마을 사람들이 다시 한번 축하 잔치를 열어 주었다. 일종의 나의 '졸업식'이었다. 그때 즈음에 나는 마을의 모든 사람들과 텔레파시로 소통할 수 있게 되었다. 서로 연결된 그물망에 침묵으로 참여하는 일은 내 삶에서 가장 강력하고 즐거운 경험 중의 하나였다.

"게리, 당신은 잘해 나갈 거요."

내 머릿속에서 부드러운 목소리가 들려왔다. 고개를 들어 빙 둘러보니 '원로 치유사'의 모습이 보였다. 레이도 그의 존재를 알아차린 것 같았다. 그렇지만 다른 사람들이 그 치유사를 봤는지는 확실하지 않았다.

백발의 노인은 고개를 끄덕이며 미소를 지었다.

"이제 세상 밖으로 나가서 당신이 받은 치유의 재능을 쓰도록 하시오. 당신이 도움을 받았던 것처럼 다른 사람들을 돕도록 하시오."

나는 그 말을 가슴 깊이 새겼다. 이제 치유는 나만을 위한 것이 아니었다. 내가 받은 사랑과 깨달음은 다시 다른 이들에게 건네야 했다. 그때부터 내 삶은 나 하나를 위한 여정이 아니라, 더 큰 흐름 속에서 살아가야 할 여정으로 바뀌었다. 치유는 나를 넘어, 세상과 나누어야 할 사명이 되었다.

1994년 호주 내륙의 오지에 도착한 지 몇 주일이 지나서, 나는 다시 비행기를 타고 미국으로 돌아왔다. 돌아올 때의 마음은 내가 처음 그곳에 갈 때의 심정과 아주 달랐다. 휠체어에 꼼짝없이 갇힌 채 내 자신의 생각들로 옴짝달싹 못했던 과거와 달리, 돌아갈 때 나는 서투르게나마 비행기로 걸어 들어갔다.

치유를 경험하면서 바뀐 것은 비단 나의 몸뿐만은 아니었다. 성격도 많이 외향적으로 바뀌었다. 나는 비행기 좌석에 앉아 다른 승객들과 이런저런 이야기를 나누며 떠들었다. 과거에는 상상도 할 수 없는 일이었다. 예전 같으면 낯선 이들과 눈도 마주치지 않았을 것이다. 스스로를 지키기 위해, 두려움과 경계심 뒤에 숨고는 했었지만, 이제는 달랐다. 내 마음은 열려 있었고, 누군가와 웃으며 대화를 나눌 수 있었다. 그 변화는 겉으로 드러나는 사소한 행동 같았지만, 내 안에서는 삶 전체가 조용히 다시 흐르기 시작한 증거였다.

돌아오면서 나는 깨달았다. 과거의 내가 열정을 가졌던 일은 과학자와 발명가로서의 삶이었을지라도, 지금 나는 다른 삶을 열망하고 있다는 것을 말이다. 즉 내 몸이 치유된 것처럼 치유가 필요한 다른 사람들을 돕고 싶다는 깊은 열망을 깨닫게 된 것이다. 나는 미국으로 돌아가 새로이 공부를 해서 학위를 받아야겠다고 생각했다. 원주민 치유력을 서구 세계에 소개할 때 나에 대한 신뢰도를 높이기 위해서였다. 그래서 나는 면역학에서 박사 학위를 받았고, 영양학에서 석사 학위를 받았다.

그 이후로 나는 사람들이 치유되는 과정을 곁에서 돕는 특권과 기쁨을 누리고 있는 중이다. 내가 치유를 도왔던 이들은 자신들의 육체가 엄청나게 강력한 치유 능력을 갖고 있음을 알게 되었다. 고된 과정을 통해 내가 깨달았듯이 말이다. 이뿐 아니라 치유의 여정이 마음, 몸, 영혼을 전체적으로 포함하는 과정이라는 점, 가장 중요하게는 빅가이에게 치유를 위한 도움과 조력을 받아야 한다는 사실 역시 이해하고 있다.

치유는 어느 날 갑자기 완성되지 않는다. 매 순간 일어나는 나의 선택으로 인해 그저 계속되는 것이다. 나아지는 듯하다 다시 아픔이 찾아오고, 젖 먹던 힘을 짜내 다시 일어서고, 또 이내 다시 무너지는 그 과정을 통해 나는 배웠다. 삶을 가로막는 벽은 결국 내 안에서 만들어졌고, 그 벽을 허무는 힘 또한 내 안에서 길러야 한다는 것을.

그런 맥락에서 나의 치유는 여전히 진행 중이다. 하지만 이 말만은 할 수 있을 것 같다. 이 '어려운 도전'은 내 인생에서 가장 불행했던 시간과 동시에 가장 행복했던 시간을 갖게 만든 원천이라고 말이다. 지금의 나는 이 어려움들이 내 삶에 반드시 필요했다는 사실을 알고 있다. 현재의 나 또한 몸과 영혼을 치유해 가고 있는 중이기 때문이다.

치유를 끝마치고 나는 다시 행복한 결혼 생활을 시작하게 되었다. 또, 어른이 된 우리 아이들과도 훨씬 굳건한 관계를 맺고 있는 중이고, 감정에 무감각해지는 대신에 그것들을 껴안으려고 노력하고 있다. 신이 주신 이 육체는 물론 나를 고통스럽게 했던 다발성 경화증에까지 감사한 마음을 가지고 있다.

이런 치유의 선물을 받았다는 것에 깊이 감사하고 있기는 하지만, 나는 내가 치유에 필요한 하나의 통로이자 전달자일 뿐이라는 사실을 알고 있다. 궁극적으로는 '빅가이'가 이 모든 것을 맡고 있다는 사실을 알고 있는 것이다.

그리고 앞으로도 나는 완성된 존재로 살아가지 않을 것이다. 때때로 넘어지고, 때때로 길을 잃을 것이다. 그러나 이제는 안다. 삶을 가로막는 건 외부의 고통이 아니라, 내 안에 세운 벽이라는 것을. 그리고 그 벽을 허물어 다시 흐르게 하는 힘은, 언제나 내 안에 존재해 왔다는 것을. 내가 받은 치유를 나누며, 나는 다시 나를 치유해 갈 것이다. 그것이 나의 길이다.

**조이 파커**

작가·편집자·인디언 전문가

뉴욕대학교·컬럼비아대학교·캘리포니아대학교 강사

    1995년에 게리 홀츠를 처음 만났을 때, 호주의 오지에서 토착 원주민들과 함께 보낸 그의 특별한 이야기에 나는 금방 매료되었다. 이 책을 읽으면서 독자는 어쩌면 이런 질문을 할지도 모르겠다. "이 이야기가 사실인가요? 게리가 묘사하고 있는 사람들과 사건들이 실제로 있었던 일이에요? 어떻게 그 두 명의 원주민들이 '프로그래밍'이나 '잠재의식' 같은 현대식 영어를 구사할 수 있었을까요?"

    나는 1983년부터 편집자로 일하고 있으며, 또 작가로 인류학자들, 토착 원주민 치유사들, 주술사들과 함께 책을 쓰기도 한다. 그 덕분에 나는 이런 부류의 사람들이 어떻게 전통적인 마을과 서구화된 도시 사이를 오가며 살고 있는지를 알게 되었다. 이 책에 나오는 레이와 로즈는 호주의 오지에서 게리와 함께 작업한 원주민 치유사들이다. 이들에 관해서 게리가 쓴 이야기를 읽었을 때, 나는 이 두 사람이 '두 세계' 사이를 능숙하게 오가는 전형적인 토착민임을 금방 알아보았다.

이런 사람들 중 많은 이가 두 세계를 연결하는 토착민의 역할을 당연하게 받아들인다. 수세기 동안 감추어 왔던 자기네 부족들의 지식을, 이제는 바깥세상과 나누어야 할 때가 되었다고 생각하기 때문이다.

서구인들은 대개 토착 원주민들에 대한 잘못된 편견을 가지고 있다. 호주의 오지처럼 외딴 부족 마을에서 태어난 사람들을 서양 문화를 전혀 모르는 '원시인들primitives'이라고 생각해 버리는 것이다. 마야 부족의 샤먼인 마틴 프레첼Martin Prechtel은 종종 이런 농담을 던지곤 한다. 사람들은 자기가 "밀림에 사는 타잔처럼 말하기"를 기대하고, 역사나 정치 문제 같은 것에 대해서는 어린애처럼 순진하고 뭘 모르는 사람이길 기대한다고 말이다. 그렇지만 실제로 마틴은 그가 이루어 낸 다른 업적들 말고도 17세기 역사에 정통한 전문가이며, 몇 가지 언어를 자유롭게 구사할 수 있는 사람이다.

수많은 토착 원주민이 도시에서 일을 하면서도 여전히 자신의 부족 마을을 고향이라고 여기고 있다. 게리를 치유한 원주민 치유사인 로즈처럼, 어떤 이들은 원주민과 백인 사이에서 태어난 덕분에 서양 언어를 능숙하게 사용한다. 또는 호주의 브리즈번 같은 도시에서 태어난 덕분에 서양 언어를 능숙하게 구사하기도 한다. 그렇지만 그들은 대개 자신의 원래 부족 마을에서 많은 시간을 보내는 것을 더 좋아한다.

'문명'이란 것이 가지고 있는 수많은 장점에도 불구하고, 우리는 여전히 무언가가 부족하다는 사실을 알고 있다. 그렇기에 우리는 기억 속에 있는 아득한 태고의 마을에서 들려오는 선조들의 목소리를 듣고 싶은 것이다. 즉 인간들이 지구와 조화롭게 살던 시절에 그들이 불렀던 노래를 듣고 싶은 것이다. 바로 이런 이유 때문에 우리는《내 삶을 가로막은 건 언제나 나였다》 같은 책들을 읽는다. 또한 이 책에서 들려주는 게리의 이야기를 우리가 사랑하는 이유이기도 하다.

지난 몇 년간, 많은 토착민이 자신들의 이야기를 바깥세상에 들려주고 있으며, 자신들의 치유법을 우리에게 알려 주고 있다.《내 삶을 가로막은 건 언제나 나였다》는 이 커다란 태피스트리tapestry(그림을 짜 넣은 직물)를 구성하는 또 다른 한 가닥의 실이다. 마야인들은 이 태피스트리를 "활짝 피어나고 있는 원래 지구의 이야기"라고 불렀다. 이 책은 토착 원주민 세계의 심장부를 특별히 살짝 엿볼 수 있게 해 준다. 그중에서도 가장 중요한 것은, 이 책이 신체적인 측면에서부터 감정적, 영적인 측면까지 건강의 모든 측면을 다루는 고대 치유 체계에 대한 통찰을 보여 준다는 점이다.

게리 홀츠가 전하는 가장 소중한 진실은, 우리 삶을 가로막은 것은 결코 외부의 조건이나 타인이 아니라, 바로 스스로를 잊고 살아온 우리 자신의 선택과 무의식적인 패턴들이라는 것이다. 치유는 병을 이기는 데서 끝나는 것이 아니라, 나를 다시 '살아 있게' 만드는 여정임을 그는 몸소 보여준다. 그렇기에 나는 이 책을 단순한 생존담이 아니라고 봤다. 그저 단순히 병을 극복해 낸 이야기라고 말하기에는 인간의 외로움과 두려움, 그리고 다시 살아내고자 하는 영혼의 깊은 갈망이 이 안에 녹아 있지 않은가.

게리는 아픔을 잊고 상처를 덮기 위해 고군분투한 것이 아니다. 오히려 그 고통을 끌어안고, 그 너머에 숨겨진 진짜 나를 다시 찾는 과정을 지났다. 결국 치유란, '문제없는 상태'를 만드는 것이 아니라, 문제와 함께 살아가면서도 나를 잊지 않는 힘을 키우는 것이다.

우리 모두에게는 스스로 깨부수고 통과해야 할 인생의 문이 있다. 그것은 밖을 향해 나가는 문이 아니라 진정한 내 자아를 향해 나아가기 위한 문이다. 그 문을 향하는 동안 우리는 수없이 길을 잃고 말 것이다. 그리고 그렇게 미아가 되는 순간마다, 이 책은 당신에게 돌아가야 할 길이 어디인지 그 방향을 제시해 줄 것이다.

나에게 그러했듯이 이 책《내 삶을 가로막은 건 언제나 나였다》는 독자들에게 대단히 멋진 선물이 될 수 있으리라 확신한다. 게리 홀츠는 열린 마음과 정직함으로 자신의 이야기를 들려주고 있고, 그 과정에서 우리에게 하나의 거울을 건네준다. 상처받은 나의 영혼을 바라볼 수 있는 바로 그런 거울 말이다. 어쩌면 그 거울을 통해 고향으로 돌아가는 길이 담긴 지도를 보게 될지도 모른다. 그 고향은 언제나 내가 잊고 살았던 나의 모든 감정과 마음이다. 그러므로 그가 건네는 이야기를 읽어볼 수 있었던 우리는 그야말로 행운아들이 아닌가.

# 내 삶을 가로막은 건 언제나 나였다

초판 1쇄 인쇄 2025년 06월 16일
초판 1쇄 발행 2025년 06월 23일

지은이 게리 홀츠
옮긴이 강도은
펴낸이 이부연
총괄디렉터 백운호
책임편집 하유진
표지디자인 데시그

펴낸곳 (주)스몰빅미디어
출판등록 제300-2015-157호(2015년 10월 19일)
주소 서울시 서대문구 충정로 35-17, 인촌빌딩 501호
전화번호 02-722-2260
인쇄·제본 갑우문화사
용지 신광지류유통

ISBN 979-11-91731-81-1 (03190)

# 혼자가 편하다는 가짜 기분에 속지 마라!
# 잠시 관계의 신호가 어긋났을 뿐이다!

## 30년 경력 심리학자가 알려주는 인간관계의 기술!

### 【 혹시 이런 적 있지 않나요? 】

☐ 가족에 대한 불만이 있어도 쉽게 말하지 못했다면,
☐ 연인과의 관계에서 나 혼자만 노력하는 것 같다면,
☐ 친구와 관계가 틀어진 뒤 오랜 시간 힘들어했다면,
☐ 상대가 공감해주지 않을까봐 말을 잘 못 꺼낸다면,
☐ 대화가 끝난 뒤 괜한 말을 한 것 같아 후회한다면,

## 당신에겐 이 책이 꼭 필요합니다!

### 관계에 지친 나를 보듬어주는 치유의 심리학
# 혼자가 편한 게 아니라 상처받기 싫은 거였다

하정희 지음

# 인생의 파도가 부서질 때마다
# 그대라는 바다는 더욱 깊어진다!

## 삶의 파도에 휩쓸리는 사람들을 위한 붓다의 가르침

## 도쿄대학교 불교철학 박사, SBS 〈빅퀘스천〉 출연
## 20년 동안 붓다만 연구해온 정상교 교수의 역작!

★★★★★

"
처음에는 눈으로 읽고,
두 번째는 줄을 치며 읽고,
세 번째는 필사하며 읽었다.
"
_ 40대 직장인 P씨

## 내 삶을 사랑하게 하는 붓다의 말
# 천 번을 부서져도 그대는 여전히 바다다

정상교 지음